Susan RoAne · **Sag doch einfach hallo!**

Susan RoAne

Sag doch einfach hallo!

Wie man sich in Gesellschaft selbstbewußt bewegt und Kontakte knüpft

Aus dem Amerikanischen von
Ursula Harzer

Oesch Verlag

Die Originalausgabe erschien 1985 unter dem Titel
How to Work a Room bei Shapolsky Publishers, Inc., New York,
überarbeitete und ergänzte Ausgabe 2000 bei Quill, New York

2. Auflage der Neuausgabe (17. Auflage insgesamt) 2003

Satz: Oesch Verlag
Druck und Bindung: Wiener Verlag, Himberg

ISBN 3-0350-0006-9

Gern senden wir Ihnen unser Verlagsverzeichnis:
Oesch Verlag, Jungholzstraße 28, 8050 Zürich
E-Mail: info@oeschverlag.ch
Telefax 0041/1 305 70 66 (CH: 01/305 70 66)

Unser Programm finden Sie im Internet unter:
www.oeschverlag.ch

Dieses Buch widme ich in memoriam drei
ganz besonderen Menschen:

Ida Cohen, meiner Großmutter, die mir ihre Weisheit schenkte und
deren Hühnersuppe Leib und Seele aufzurichten vermochte

Ida B. Harvey, meiner »Zweitmutter«, die mich lehrte,
daß innere Schönheit wichtiger als äußere ist

Sally Livingston, meiner Mentorin, die mir Ansporn
und Vorbild war

Ferner widme ich dieses Buch all jenen, deren weise, aufmunternde
und liebevolle Worte mir immer wieder Halt und Stütze sind.

Inhalt

Vorwort

Seit ich vor mehr als zwölf Jahren *Sag doch einfach hallo!* geschrieben habe, hat sich in unserer Welt viel verändert. Das große Interesse an meinem Buch ist jedoch gleich geblieben, weil es Dinge gibt, die sich nicht verändern: So werden wir immer noch zu Veranstaltungen, Parties, Tagungen, Empfängen und Konferenzen eingeladen – und wir möchten dabei locker, selbstsicher, kompetent und gewinnend auftreten.

In der Internet-Arbeitswelt des 21. Jahrhunderts kommt dem persönlichen Kontakt von Mensch zu Mensch ein noch höherer Stellenwert zu, denn es ist eingetreten, was ein Soziologieprofes-sor an der Harvard-Universität Mitte der achtziger Jahre vorausgesagt hat: »Im Jahre 2000, wenn wir alle zu High-Tech-Experten geworden sind, werden diejenigen am erfolgreichsten sein, die im direkten Gespräch die Herzen der Menschen zu gewinnen verstehen.«

Mit Worten nehmen wir Kontakt zum anderen auf, und mit Worten erklären, überzeugen, begeistern, amüsieren und motivieren wir. Wie immer unser Leben aussieht, wir müssen fähig sein, auf andere zuzugehen und ein Gespräch in Gang zu bringen. Nur durch Kommunizieren ergeben sich private und geschäftliche Beziehungen:

- Teamarbeit funktioniert nur, wenn unter den Mitgliedern des Teams ein Gesprächsaustausch stattfindet.

- Brainstorming ist nur möglich, wenn miteinander geredet wird.
- Eine Erweiterung des Kundenkreises gelingt nur, wenn durch Kommunizieren Kontakte geknüpft und gepflegt werden.
- Dienste oder Produkte können nur vermarktet werden, wenn über sie geredet wird.

In dieser überarbeiteten und aktualisierten Ausgabe finden Sie unter anderem Anleitungen über den angemessenen Umgang mit neuen Technologien (Internet, Handy usw.) sowie eine Aufzählung der Fragen, die mir in den letzten Jahren am häufigsten gestellt wurden, und natürlich deren Beantwortung. Einen Raum voller Menschen – besonders, wenn sie unbekannt sind – zu betreten, ist immer noch eine Mut erfordernde Angelegenheit, heute mehr denn je. Denn wir verbringen so ungemein viel Zeit online, sind süchtig nach E-Mails, Informationsseiten, Chatrooms und E-commerce. Wer nur noch »seine Finger sprechen läßt«, dem fällt es zunehmend schwerer, selbstsicher mit Menschen von Angesicht zu Angesicht zu kommunizieren.

1980 wurde in einer Studie an der Stanford University herausgefunden, daß sich 80 Prozent der Erwachsenen selbst als schüchtern bezeichnen. 1995 hat sich diese Zahl auf 88 Prozent erhöht, was zu einem Teil auf unsere hochtechnisierte Welt zurückzuführen ist. Wenn wir Geld brauchen, gehen wir zum Geldautomaten, dieser »Öffnung in der Wand«, aus der, wie viele Kinder glauben, das Geld kommt. Der Austausch einiger netter Worte mit der Schalterangestellten entfällt.

Wir können praktisch alles, was wir benötigen, übers Internet bestellen, und mit unseren Mitmenschen über die Mailbox kommunizieren, ohne je ein persönliches Gespräch mit ihnen zu führen. Dies hat natürlich einen negativen Einfluß auf unsere Fähigkeit, bei geschäftlichen oder privaten Anlässen ungezwungen auf andere Menschen zuzugehen und Konversation zu machen.

Wohl aus diesem Grund ist Schüchternheit heutzutage ein wichtiges Thema. Die Pharmaindustrie hat in den »Schüchternen« einen Markt für ihre Produkte entdeckt – denn Schüchternheit hin, Schüchternheit her, wir müssen im Geschäfts- und Gesellschaftsleben mit unseren Mitmenschen kommunizieren, sonst leidet unsere Lebensqualität. Statt zu Medikamenten greifen wir jedoch besser zu diesem Buch, um unsere Zurückhaltung und Abneigung, uns unter Menschen zu begeben, abzulegen.

Wenn ich meine Zuhörer frage, wer sich in einem Raum mit lauter Fremden wohl fühlt, heben meist weniger als fünf Prozent die Hand – selbst wenn es sich bei den Befragten um Menschen handelt, die mit dem Verkauf und der Absatzförderung von Produkten zu tun haben. Wenn diese sich jedoch in einer Konferenz, einem Meeting oder der jährlichen Vorstandssitzung befinden, sind sie bereits mitten in einer Gruppe von Menschen und benötigen lediglich noch einige Strategien, Tips, Anknüpfungspunkte, um mit diesen noch unbekannten Kollegen, Mitstreitern, Kunden, Klienten und potentiellen Freunden ins Gespräch zu kommen.

In diesem Buch finden Sie neue, verbesserte, vielfach erprobte und für gut befundene Strategien sowie Beispiele und Ratschläge, wie Sie bei jeder Gelegenheit eine gute Figur auf dem gesellschaftlichen Parkett abgeben können. In meine Ausführungen sind die im Laufe der vergangenen zwölf Jahre geführten Gespräche mit Hunderten von Seminarteilnehmern sowie das Feedback von über einer Million Lesern eingeflossen.

Ich bin oft gefragt worden, wie man sich mit jemandem unterhalten kann, der uninteressiert, gelangweilt oder unnahbar ist. Nun, es ist leider so, daß wir nicht mit allen Menschen, die wir treffen, einen guten Kontakt herstellen können. Manchmal sind die Ansichten, Interessen, Lebensläufe und Wertvorstellungen einfach zu verschieden von den unseren. Lassen Sie sich davon nicht entmutigen. Es gibt noch viele andere nette, interessierte, freundliche Menschen, die sich freuen, Sie kennenzulernen, sich mit Ihnen zu unterhalten oder mit Ihnen Geschäfte zu machen.

Wenn es für Sie persönlich oder beruflich wichtig ist, sich in Gesellschaft sicher zu bewegen, ist dieses Buch ideal. Damit die Lektüre aber auch noch Spaß macht, kommt neben Frage- und Antwortspielen, Bonmots und Comics auch der Humor nicht zu kurz.

Einleitung

Sie erkennen bereits am Umschlag, daß es sich um eine Einladung handeln könnte. Und tatsächlich: Einer Ihrer Kunden, Ehrenvorsitzender eines Wohlfahrtsverbandes, lädt in zwei Wochen zu einer großen Veranstaltung ein, deren Erlös gemeinnützigen Zwecken zugute kommen soll. Eigentlich sind Sie moralisch verpflichtet, hinzugehen, und zudem könnten sie dort auch viele potentielle Kunden antreffen. So ein Fest ist ja bekanntlich eine großartige Gelegenheit, Leute kennenzulernen und Geschäftskontakte zu knüpfen.

Das klingt doch vielversprechend. Aber noch bevor Sie sich näher mit der Sache befassen können, flüstert eine leise Stimme in Ihrem Hinterkopf: »Moment mal ... du mußt dann diesen riesigen Saal betreten und in tausend fremde Gesichter blicken! Alle kennen einander, doch keiner kennt dich. Mit wem könntest du dich überhaupt unterhalten? Und worüber?« Ein ungutes Gefühl beschleicht Sie, und Sie legen die Einladung behutsam in den »Hat noch Zeit«-Ablagekorb.

Dieses Verhalten ist nichts Ungewöhnliches. Solche Szenen spielen sich täglich in Büros und Wohnzimmern ab. Ob es sich nun um eine Einladung für ein gesellschaftliches oder geschäftliches Ereignis oder eine Kombination von beidem handelt, vielen ist der Gedanke unangenehm, einen Raum voller fremder Menschen betreten zu müssen, besonders, wenn sie dabei einen guten Eindruck machen wollen.

Andererseits sind solche Anlässen die besten Gelegenheiten, private und geschäftliche Kontakte zu knüpfen. Wenn Sie sich selbstsicher und unbefangen auf gesellschaftlichem Parkett bewegen können, haben Sie gewaltige Vorteile:

- Sie gehen an private und geschäftliche Begegnungen mit Zuversicht und Vorfreude heran. Sie wissen, daß Sie sich wohl fühlen und die Zeit produktiv nutzen werden.
- Sie können Geschäftsbeziehungen ausbauen und Freundschaften schließen, die vielleicht ein Leben lang halten. Wenn Sie es nicht schaffen, auf Menschen zuzugehen, zu lächeln, Ihre Hand auszustrecken und »Guten Tag« zu sagen, entgehen Ihnen solch einmalige Gelegenheiten.
- Andere fühlen sich in Ihrer Gegenwart wohl, möchten Sie gern näher kennenlernen und vielleicht auch mit Ihnen Geschäftsbeziehungen eingehen.

Beim Schreiben dieses Buches hatte ich vor allem ein Ziel vor Augen: Ich wollte Ihnen das Selbstvertrauen und zugleich die Fertigkeiten vermitteln, die es Ihnen ermöglichen, einen Raum zu betreten und Selbstsicherheit auszustrahlen – ob es sich nun um einen privaten oder geschäftlichen Anlaß, eine Konferenz, eine Party, ein Klassentreffen, einen Elternabend oder einen Eröffnungsball handelt. Ich möchte, daß diese Ereignisse für Sie zu einem Erfolg werden, daß Sie Genuß dabei empfinden und am Ende zufrieden darauf zurückblicken, weil Sie Ihre Ziele erreicht und gleichzeitig anderen ein gutes Gefühl gegeben haben.

Sie sollen im einzelnen folgendes lernen:

- Die inneren Blockierungen zu erkennen, die Sie daran hindern, gesellschaftliche Anlässe entspannt zu genießen.

- Mittel zu finden, wie jedes einzelne dieser Hindernisse überwunden werden kann.
- Ihr Selbstvertrauen und Ihre Zuversicht zu entfalten, so daß Sie Wärme, Interesse und Ehrlichkeit ausstrahlen, die bewirken, daß die anderen sich öffnen.
- Strategien zu entwickeln, die es Ihnen erleichtern, ein Gespräch in Gang zu bringen, besser mit anderen Menschen zu kommunizieren und mit jemandem in Kontakt zu treten, der Ihnen zunächst fremd ist.

Im 21. Jahrhundert ist die persönliche Ausstrahlung zu einem entscheidenden Faktor für den beruflichen Erfolg geworden. Eine geschickte Präsentation Ihrer selbst und dessen, was Sie, wirtschaftlich gesehen, anzubieten haben, ist nicht nur ein Pluspunkt, sondern eine wesentliche Voraussetzung erfolgreicher Kommunikation. Mit Ihrer Fähigkeit, sich bei privaten und geschäftlichen Anlässen leicht und sicher zu bewegen, werben Sie zugleich in überzeugender Weise für das Produkt, das Sie anzubieten haben – und das auch noch kostenlos!

Wir alle bewegen uns auf gesellschaftlichem Parkett. Wenn Sie jemals einer Hochzeit oder einer Konferenz beigewohnt haben, dann haben Sie ja bereits an gesellschaftlichen Ereignissen teilgenommen und dabei Kontakte geknüpft – oder aber Sie haben zumindest erkennen müssen, wieviel leichter und angenehmer das Leben sein könnte, wenn Sie diese Fähigkeit hätten. Seminarteilnehmer haben mir erzählt, daß sie bei diesen Anlässen oftmals sehr deprimiert gewesen seien, weil alle anderen sich scheinbar vollkommen wohl gefühlt hätten. Doch glauben Sie mir, dieser Eindruck trügt.

Die meisten Leute betreten – aus den verschiedensten Gründen – nicht gerne einen Raum, in dem sie nur fremde Gesichter sehen. Gemäß einer Studie in der *New York Times* löst die Teilnahme an einer Party, auf der man niemanden kennt, die stärksten Ängste aus. Die meisten Leute würden lieber eine Rede halten (Angstauslöser Nummer zwei), als zu einem Anlaß zu gehen, bei dem sie keine Menschenseele kennen. Man könnte diejenigen, denen das überhaupt nichts ausmacht, sogar als nicht ganz normal bezeichnen.

In der Gesellschaft anderer Menschen, selbst fremder, möchten wir uns wohl fühlen – und diesen dabei helfen, sich ebenfalls wohl zu fühlen. Wir möchten es gerne schaffen, uns unbefangen unter das versammelte Volk zu mischen und dabei Kontakte zu knüpfen. Wir möchten unsere kostbare Zeit gut nutzen, selbst wenn es zunächst einmal nur darum geht, sich wieder einmal zu zeigen.

»Sich auf gesellschaftlichem Parkett zu bewegen« ist eine Redewendung, die bei Ihnen vielleicht Vorstellungen von Frack und Handkuß weckt. Daran habe ich natürlich nicht gedacht. Ich verstehe darunter vielmehr, sich selbstsicher und freundlich unter einer Ansammlung von Menschen bewegen zu können: auf andere zuzugehen, sie zu begrüßen und mit ihnen zu plaudern. Wir möchten uns amüsieren und vielleicht beruflich ein paar Punkte dazu gewinnen. Ich werde Ihnen Tips geben, wie es gelingt, eine Beziehung herzustellen, die die Grundlage für eine Freundschaft sein könnte, und Sie werden lernen, wie man lebendige und interessante Gespräche einleitet, wie man sie fortführt und zu Ende bringt.

Es geht nicht darum, Ihnen beizubringen, berechnend zu sein oder andere zu manipulieren. Wenn Ihnen an anderen Menschen nichts liegt, wenn Ihre Herzlichkeit und Ihr Interesse geheuchelt sind, wird Ihnen keine Technik und kein wohlgemeinter Tip weiterhelfen. Die Menschen spüren es im allgemeinen, wenn sie manipuliert werden, wenn Ihrer »Freundlichkeit« ein bestimmter Hintergedanke zugrunde liegt. Sie fühlen aber auch Herzlichkeit und ehrliches Interesse – und wissen das zu schätzen. Meine Regel lautet: Nehmen Sie an einem gesellschaftlichen Ereignis vor allem teil, um Spaß zu haben und das Zusammenkommen mit anderen Menschen zu genießen. Die beruflichen Vorteile stellen sich dann ganz von selbst sein. Aber hingehen müssen Sie natürlich!

Sich unter Menschen zu mischen und Kontakte zu knüpfen, birgt ohne Zweifel ein Risiko. Wir können verletzt und zurückgewiesen werden – und dieser Gedanke hat, ich gebe es zu, etwas Abschreckendes. Andererseits kann es aber auch sehr lohnend sein, und zwar auf persönlicher und beruflicher Ebene.

Ich möchte in diesem Buch zeigen, was uns davon abhält, solche Anlässe mit Gelassenheit und Vorfreude auf uns zukommen zu lassen, und was wir tun können, sie zu einer angenehmen, amüsanten und möglicherweise sogar nutzbringenden Angelegenheit zu machen. Es geht darum, daß wir uns erlauben, bei jeder gesellschaftlichen Veranstaltung »wir selbst« zu sein und die Früchte unserer persönlichen Ausstrahlung zu ernten – sowohl in persönlicher als auch in beruflicher Hinsicht.

Auch hier macht Übung den Meister! Ich möchte Sie dazu ermutigen, an möglichst vielen Anlässen teilzunehmen und die Verhaltensregeln, die ich Ihnen in diesem Buch zeige, einzuüben. Einige dieser Regeln können sich für Sie als wertvoll erweisen, während andere in Ihrem Fall möglicherweise weniger sinnvoll sind. Doch wie schon meine Mutter zu sagen pflegte: »Ein Versuch kann nicht schaden!« Bis jetzt ist noch niemand daran gestorben, daß er Schnecken probiert oder die Einladung zu einer Benefiz-Gala angenommen hat.

Vielleicht kommen Ihnen einige der Informationen in diesem Buch bekannt vor, vielleicht wenden Sie bereits einige der vorgestellten Verhaltensregeln an. Um so besser! Das Buch kann Ihnen dann als Gedächtnisstütze dienen und Ihnen vielleicht noch die letzten Feinheiten vermitteln. Je mehr Sie üben, desto besser werden Sie.

Die wichtigste Regel, die Sie auf diesen Seiten immer wieder finden werden: Genießen Sie das Ereignis!

1 Die fünf Hindernisse: Mutters eindringliche Ermahnungen

Wenn es soviel Freude macht und soviel Nutzen bringt, sich auf gesellschaftlichem Parkett zu bewegen, warum bekommen wir dann allein schon beim Gedanken daran Herzklopfen, feuchte Hände und glasige Augen? Ein Grund ist, daß sich 88 Prozent aller Erwachsenen selbst als schüchtern bezeichnen. Wenn wir zu einer Versammlung, einer Konferenz oder einer Party eingeladen werden, schrecken wir vor der sich bietenden Gelegenheit zurück, um eventuelle Unannehmlichkeiten zu vermeiden.

Ein weiterer Grund ist der, daß uns vor vielen Jahren beigebracht wurde, nicht mit Fremden zu sprechen. Unsere Mutter gab uns diese Warnung mit auf den Weg und hatte dabei natürlich nur unser Wohl im Auge (»Ich meine es doch nur gut mit dir, Kind!«) – und jeder bestätigte, daß wir ihre Ratschläge befolgen sollten. Aber damals, als wir sechs Jahre alt waren, waren diese Ermahnungen viel sinnvoller als heute, wo wir zwanzig, vierzig oder sechzig sind.

Weil wir keine Kinder mehr sind, die allein von der Schule nach Hause gehen müssen, haben diese Ermahnungen ihre Schutzfunktion verloren und sich in eine innere Blockierung verwandelt, die uns davon abhält, locker und entspannt mit anderen Menschen zu kommunizieren. Unserer Mutter sollten wir deshalb keine Vorhaltungen machen. Sie hat damals einfach nur ihr Bestes getan, um uns zu beschützen. Doch wir haben diese Warnung so oft gehört – und vielleicht auch an unsere eigenen

Kinder weitergegeben –, daß sie zu einem festen Verhaltensmuster geworden ist.

Es gibt fünf wesentliche Hindernisse auf unserem Weg zu mehr Sicherheit auf dem gesellschaftlichen Parkett. Wer sie überwinden will, muß sie erst einmal kennenlernen.

Hindernis Nr. 1
»Sprich nicht mit Fremden«

Das erste Hindernis ist so typisch für unsere westliche Kultur wie Apfelkuchen mit Vanilleeis. Oft wird der Ratschlag noch von einem mahnend erhobenen Zeigefinger begleitet. Als unsere Mütter uns damals so eindringlich ermahnten, war dies durchaus sinnvoll, und das gleiche gilt auch für unsere Kinder. Wir wollen immer noch nicht, daß unsere Kinder auf dem Heimweg von der Schule mit jedem Fremden sprechen – weniger als jemals zuvor.

Nicht sinnvoll ist es jedoch, wenn wir die Mahnung an unserem ersten Tag am neuen Arbeitsplatz befolgen oder auf einer Messe, bei der wir ein Produkt verkaufen wollen, bei einer Tanzveranstaltung oder bei einem Treffen von Repräsentanten unseres Berufsverbandes, bei dem sich die allerbesten Kontaktmöglichkeiten geradezu aufdrängen. Aber trotzdem stehen wir häufig wie gelähmt in der Tür, jenen unsichtbaren Zeigefinger vor Augen und die Botschaft »Sprich nicht mit Fremden!« im Hinterkopf – und halten uns daran. Statt uns unter die Menge zu mischen, verziehen wir uns an ein nettes, ruhiges Plätzchen am Buffet, stopfen irgend etwas in uns hinein, nippen am Glas, lächeln verkrampft, ohne irgend jemanden dabei anzusehen – und fühlen uns entsetzlich schlecht. Oder wir hängen in einer

Ecke des Raumes herum und lehnen uns gegen das Gemäuer (woher auch der Ausdruck »Mauerblümchen« stammt).

Bedauerlicherweise verpassen wir so die besten Chancen, private und berufliche Kontakte zu knüpfen. Wer weiß, welch wundervoller Mensch, der für Sie privat oder beruflich eine Bereicherung geworden wäre, sich ebenfalls in diesem Raum aufhielt und genauso unwohl fühlte wie Sie?

Das Leben ist zu kurz und unsere Zeit zu wertvoll, um ein oder zwei Stunden damit zu verbringen, Gelegenheiten zu verpassen und sich dabei auch noch schlecht zu fühlen.

Hindernis Nr. 2
»Warte, bis du jemandem vorgestellt worden bist«

Stellen Sie sich einmal Scarlett O'Hara (die Heldin des Romans *Vom Winde verweht)* vor, wie sie auf den Stufen des Herrenhauses von Tara steht und, kokett mit den Wimpern klimpernd, flötet: »Aber wir sind uns ja gar nicht vorgestellt worden.« Trotz ihrer Schönheit und ihrem Charme wäre Scarlett damit bei einer Geschäftskonferenz nicht besonders weit gekommen. Doch zu Scarletts Zeit und in ihren Kreisen war es äußerst wichtig, dem anderen vorgestellt zu werden, und es gab Personen, gewöhnlich ältere Frauen, die kaum etwas anderes taten, als Unbekannte einander vorzustellen. Diese älteren Damen hätten dann bestimmt dafür gesorgt, daß Sie jenen galanten, dunkelhaarigen Mann, diese umwerfende Schönheit oder den Bankdirektor mit den guten Geschäftsverbindungen kennengelernt hätten.

Die Zeiten haben sich allerdings geändert. Sie können sich nicht mehr auf einen professionellen »Vermittler« verlassen, der darauf achtet, daß Sie bei einer politischen Veranstaltung oder beim Empfang nach einem Vortrag den richtigen Leuten vorgestellt werden.

Dennoch meinen viele von uns, daß es sich nicht gehört, jemanden anzusprechen, dem wir nicht von einem gemeinsamen Bekannten vorgestellt worden sind. Natürlich ist es einfacher, ein Gespräch zu beginnen, wenn man miteinander förmlich bekannt gemacht wurde. Man hat dann zumindest einen Anknüpfungspunkt, nämlich die Person, die vorgestellt hat. »Woher kennen Sie Sandra?« bringt den anderen dazu, etwas von sich zu erzählen, und dies kann rasch zu weiteren Gesprächsthemen führen.

Doch meistens ist es so, daß wir nicht damit rechnen können, irgend jemandem vorgestellt zu werden, schon gar nicht jenen Leuten, die wir ganz besonders gern kennenlernen möchten. Unter Umständen stehen wir am Anfang ganz alleine da, und es bleibt uns gar nichts anderes übrig, als auf jemanden zuzugehen und uns selbst vorzustellen, wenn wir nicht mitten im Raum allein an die Decke oder den Boden starren wollen. Scarlett lebte in einer anderen Welt als der unseren ... und wir sollten sie am besten zurück nach Tara schicken.

Hindernis Nr. 3
»Nur Geduld! Wer warten kann, wird am Ende belohnt«

Sehen wir den Tatsachen ins Auge. Ballköniginnen sind auf dem Abschlußball zwar umschwärmter als andere junge Damen, aber wenn das Fest vorüber ist, können es sich selbst diese Ex-Königinnen nicht leisten, darauf zu hoffen, daß alle sich um sie bemühen werden.

Als wir früher mit ansehen mußten, wie das schönste Mädchen und der interessanteste Junge der Oberstufe sich vor

Verabredungen kaum retten konnten, tröstete uns unsere Mutter: »Nur Geduld! Wer warten kann, wird am Ende belohnt.« Das Gegenteil ist der Fall: Wer wartet, bekommt graue Haare und, wenn er im Stehen wartet, noch ein paar Krampfadern dazu!

Darauf zu warten, daß jemand auf Sie zukommen und sich Ihnen vorstellen möge, ist verschwendete Zeit. Wahrscheinlich werden Sie ewig warten – vielleicht, weil die anderen genauso warten wie Sie! Da nun einmal 88 Prozent aller Erwachsenen schüchtern sind und daher nicht die Initiative ergreifen werden, ist dieses »Wartespiel« eine schreckliche Zeitvergeudung, es macht überhaupt keinen Spaß und nagt erbarmungslos an unserer Selbstachtung.

Ich erinnere mich daran, wie ich als junges Mädchen stundenlang vor dem Telefon saß und auf ein Läuten wartete. Und so erging es damals – und ergeht es heute immer noch – vielen jungen Leuten. Ich mußte früh lernen, daß jeder auf andere zugehen muß. Wieso sollte es heute anders sein? (Übrigens: Wenn damals nicht meine Mutter und die Eltern meines Tanzpartners nachgeholfen hätten, würde ich noch heute auf den Anruf des jungen Mannes warten!)

Sogar der Erfinder einer besonders gut funktionierenden Mausefalle muß hinausgehen und die Welt über seine Erfindung informieren. Wenn er es nicht tut, sitzt er den Rest seines Lebens in seinem Haus – einem »mausfreien« wohlverstanden –, aber er bekommt für seine Erfindung weder Anerkennung noch Geld. Er hätte sich genauso gut eine Katze kaufen können.

Menschen, die darauf warten, daß andere auf sie zukommen, stehen häufig als Mauerblümchen irgendwo in der Ecke, wo sie neidvoll auf diejenigen schielen, die auf dem Empfang oder der Cocktailparty mal mit den einen, mal mit den anderen reden und sich zu amüsieren scheinen.

Natürlich ist auch von einem allzu forschen Verhalten abzuraten. So ist es sicher nicht sinnvoll, sich mit Gewalt in die Arme eines Fremden zu werfen oder ihn mit der einen Hand auf seinen Stuhl am Konferenztisch niederzudrücken und mit der anderen Hand Dutzende von Visitenkarten in seine Jackentasche zu stopfen. Es ist dagegen durchaus erfolgversprechend, sich jemandem freundlich zu nähern, ihn anzulächeln, sich vorzustellen und etwa zu sagen: »Ich nehme zum ersten Mal an einer solchen Konferenz teil. Sind diese Treffen immer so gut besucht?«

Leute, die unter dem Ballköniginnenkomplex leiden und darauf warten, daß die anderen auf sie zukommen, werden oft als reserviert, ja sogar arrogant wahrgenommen. Dabei fühlen sie sich meist nur unwohl oder gehemmt. Häufig haben sie sich unbewußt damit abgefunden, von jedermann und für alle Zeiten als schüchtern angesehen zu werden. Vielleicht sind sie es eigentlich gar nicht, aber weil sie von anderen so betrachtet werden, halten sie sich schließlich selbst dafür.

Als ich noch als Grundschullehrerin tätig war, habe ich beobachtet, daß solche Bezeichnungen oft zu sich selbst erfüllenden Prophezeiungen wurden. Der »Klassenschreck« fand immer eine Gelegenheit, seinem zweifelhaften Ruf alle Ehre zu machen, und die »Schwatztante« (heute eine wunderbare Gesprächspartnerin) bekam immer die meisten Eintragungen ins Klassenbuch. (Ich muß gestehen, daß ich zur letzten Kategorie gehörte. Der Kontakt zu meinen Mitschülern war für mich in der Schule das Schönste. Multiplikationstabellen? Satzgliederungen? Habe ich vergessen, nicht aber das Briefchentauschen und heimliche Flüstern in der letzten Reihe!)

Schüchternheit kann, wie ein Professor von der Universität Hartford herausgefunden hat, ein erlerntes Verhalten sein. Das kleine Kind, das sich hinter den Eltern versteckt, wenn Tante Lisa es begrüßen will, hört Mutter oder Vater sagen: »Es ist so schüchtern.« Aha, nun weiß es, wie es sich den Annäherungsversuchen der Tante entziehen kann, und von da an hat es seinen Ruf weg! Doch was wir lernen, können wir auch wieder verlernen.

»Die meisten Menschen sind in bestimmten Situationen schüchtern«, sagt Philip Zimbardo, Autor von *Nicht so schüchtern! So helfen Sie sich aus Ihrer Verlegenheit.* Gewisse Situationen rufen Angst in uns hervor. Ein wichtiges Verkaufsgespräch, eine Produktvorführung oder ein Gespräch mit dem Klassenlehrer unseres Kindes kann uns so viel Herzklopfen bereiten, als müßten wir den großen Ballsaal eines vornehmen Hotels betreten und tausend Menschen drehten sich nach uns um.

Mit Hilfe von Training, Übung und einer verbesserten Kommunikationsfähigkeit können wir unsere Schüchternheit jedoch teilweise oder sogar ganz ablegen.

Führungspersönlichkeiten und andere erfolgreiche Menschen haben gelernt, ihre Schüchternheit zu überwinden. Sie warten nicht; sie gehen auf andere zu. »Den ersten Schritt zu machen und auf einen anderen Menschen zuzugehen ist ein Zeichen für wirkliche Führungsqualitäten ... immer ist der, der auf Sie zukommt und Ihnen die Hand hinstreckt, eine wirkliche Persönlichkeit.« (David Schwartz in *Denken Sie groß)*

Hindernis Nr. 4
»Vorsicht ist besser als Nachsicht«

Sie haben sich also ein Herz gefaßt und gehen auf einen fremden Menschen zu. Sie lächeln freundlich, grüßen und stellen sich vor, worauf Ihnen dieser einen Blick zuwirft, der Ihnen signalisiert: »Was soll das?! Ich bin nicht an Ihnen interessiert!«

Das tut natürlich weh. Niemand mag es, zurückgewiesen

oder mit Gleichgültigkeit behandelt zu werden. Immer, wenn wir uns anderen öffnen, sind wir verwundbar, weil wir uns der Gefahr aussetzen, abgewiesen zu werden. Mutters Warnung »Vorsicht ist besser als Nachsicht« hält uns davon ab, ein solches Risiko einzugehen.

Ich persönlich betrachte dieses Risiko gern als eine Herausforderung. Wer nicht wagt, der nicht gewinnt! Wenn Sie das Risiko scheuen, auf andere Menschen zuzugehen, werden Sie nie neue Freunde gewinnen oder Kontakte knüpfen. Schließlich riskieren Sie doch auch ständig Ihr Leben auf den Straßen und Autobahnen. Ein vorübergehender Kratzer am Ego schadet uns, im Gegensatz zu einem schweren Autounfall, letztlich nur wenig! Es ist schon erstaunlich, daß manchmal Leuten, die riskante Extremsportarten ausführen wie Bergsteigen, Bungee-Jumping oder Fallschirmspringen, das Risiko zu hoch ist, sich einer Ansammlung von Menschen zu stellen.

Seien Sie beruhigt: Zum Glück reagieren nur wenige Menschen offen feindselig oder unhöflich, wenn sie angesprochen werden. Und wenn sie es tun, haben sie möglicherweise gar nichts gegen Sie persönlich. Vielleicht machen sie sich gerade Sorgen wegen der kranken Mutter oder wegen eines drohenden Stellenabbaus in ihrer Firma. Es könnte aber auch sein, daß die Person, die sich Ihnen gegenüber so reserviert verhält, noch viel schüchterner und unsicherer ist als Sie.

Hindernis Nr. 5
»Achte darauf, keinen falschen Eindruck zu erwecken«

Manchmal gehen wir das Risiko ein, daß unser warmherziges, offenes und freundliches Verhalten als Einladung zu einem

Abenteuer mißdeutet wird. Vor allem Frauen sind Opfer solcher Fehleinschätzungen. So kann eine leichte Berührung des Armes, von uns als einfache Geste der Sympathie gemeint, als sexuelles Interesse gedeutet werden.

Obwohl Mutters Warnung ein wenig übertrieben scheint, sollten wir durch unser Verhalten keinerlei Anlaß zu solchen Mißdeutungen geben, weshalb eine gewisse Vorsicht angebracht erscheint. In den letzten Jahren ist sexuelle Belästigung zu einem wichtigen Thema in der Öffentlichkeit geworden. Wir sollten uns des Problems bewußt sein, uns dadurch jedoch nicht abhalten lassen, weiterhin offen und freundlich zu sein. Es ist allerdings ratsam, während eines Gesprächs auf Berührungen zu verzichten und auch in der Wortwahl keinerlei Zweideutigkeiten aufkommen zu lassen.

Das Risiko, die Hindernisse zu überwinden

Es sind vor allem diese fünf Hindernisse oder inneren Blockierungen, die uns davon abhalten, uns selbstsicher in der Gesellschaft anderer zu bewegen. Im nächsten Kapitel wollen wir betrachten, wie jedes einzelne dieser Hindernisse überwunden werden kann.

Es gibt hingegen noch etwas Subtileres, das uns daran hindert, unbefangen im Umgang mit anderen zu sein. Es hat mit unserer Selbstwahrnehmung, unserer Selbstachtung zu tun. Menschen, die wenig Selbstvertrauen haben, reden sich oft ein, daß sie für andere keine interessanten Gesprächspartner sind, und meiden aus diesem Grund gesellschaftliche Anlässe.

Häufig führen wir so etwas wie Zwiegespräche mit einem inneren Partner – manchmal ohne uns dessen überhaupt bewußt zu sein. Diese Selbstgespräche können uns sowohl positiv als auch negativ beeinflussen. Negative Selbstgespräche lassen sich jedoch in positive umwandeln, und von einer solchen Änderung der Einstellung uns selbst gegenüber profitieren wir in allen Lebensbereichen.

Es funktioniert tatsächlich! Bei einer Party traf ich einmal ein nettes Ehepaar. Wie die Frau mir erzählte, las sie vor ihrer Ehe mein Buch, worauf sie ihre Selbstgespräche unter die Lupe nahm. Bei der nächsten Party sah sie einen sympathischen Mann, der, wie sie erfuhr, noch »zu haben« war. Sie verwickelte ihn in ein Gespräch über ihren gemeinsamen Gastgeber, was im Laufe des Abends zu anderen interessanten Themen führte. Dieser nette Mann? Sie haben es erraten ... ist heute ihr Ehemann!

Hier sind einige negative Gedanken im Hinterkopf, die Ihnen vielleicht in den Sinn kommen, wenn Sie auf jemanden zugehen möchten:

- Ich hatte schon immer Kontaktschwierigkeiten. So bin ich eben.
- Ich beherrsche und mag »Smalltalk« nicht.
- Ich habe nichts Wichtiges oder Interessantes zu sagen. Ich werde mich nur blamieren. Ich sollte besser den Mund halten.
- Warum sollte mir jemand zuhören wollen? Alle diese Menschen haben wichtigere Dinge zu tun.

Nehmen Sie sich die Zeit, alle negativen Selbstgespräche, die Sie führen, aufzuschreiben. Verändern Sie diese Aussagen dann in positive, aufmunternde Feststellungen, die etwa so lauten könnten:

- Ich übe gern, mit anderen Menschen Kontakt aufzunehmen, und ich werde immer besser darin. Ich freue mich über meine neuen Fähigkeiten.
- »Smalltalk« ist eine gute Art, Menschen kennenzulernen.
- Ich möchte auf andere Menschen zugehen. Ich weiß, daß ich etwas Wertvolles anzubieten habe, mich selbst. Ich bin offen und ehrlich, ich mag mich, und andere werden mich ebenfalls mögen.
- Wir haben alle viel zu tun, aber jeder ist auch gern von Zeit zu Zeit mit anderen Menschen zusammen. Ich bin ein wertvoller, liebenswerter Mensch. Wenn ich auf andere zugehe, ist dies ein Geschenk, das die anderen schätzen werden.

Wie verhalte ich mich im Fahrstuhl?

Im Fahrstuhl wissen wir oft nicht, wie wir uns verhalten sollen. Erwartet der Chef, der Generaldirektor, der Unbekannte, daß Sie etwas sagen? Manchmal ist eine kleine scherzhafte Bemerkung, gepaart mit einem Lächeln, angebracht. Mitunter können Ihre mutigen Worte den Chef aber auch in seinem Gedankengang stören. Versuchen Sie die Situation jeweils von Fall zu Fall einzuschätzen. Gewollt witzig sein kann ins Auge gehen. Es kann uns der Lächerlichkeit preisgeben und unserer Karriere schaden.

Veränderung ist ein Risiko

Jede Veränderung ist ein Risiko und bereitet Unbehagen – selbst wenn es eine Veränderung zu Ihren Gunsten ist. Es ist immer ein wenig traurig, das alte Haus zu verlassen, sogar, wenn wir in ein viel Schöneres ziehen. Wir lassen das Alte und Vertraute hinter uns und begeben uns auf unbekanntes Terrain. Wie positiv die Veränderung auch sein mag – sei es, daß wir heiraten, unser Geschäft erweitern, in eine aufregende neue Stadt ziehen oder eine andere berufliche Laufbahn einschlagen –, sie verursacht immer ein wenig Unbehagen.

Für die meisten ist es schon neu und ungewohnt, die Initiative zu ergreifen und auf Menschen zuzugehen. Aber dieses Risiko lohnt sich fast immer, und wenn unser Versuch dann von Erfolg gekrönt ist, fühlen wir uns wunderbar. Wir dürfen es nicht zulassen, daß negative Selbstgespräche uns davon abhalten, dieses Risiko einzugehen. Wenn wir den Moment nicht nutzen, geht er vorüber ... und eine Gelegenheit ist verpaßt.

Wie oft ist Ihnen schon eine Person vage bekannt vorgekommen, Sie trauten sich aber nicht, auf sie zuzugehen, weil Sie sich getäuscht haben könnten? Nun, wenn Sie sich tatsächlich getäuscht haben, was dann? Schlimmstenfalls wird die Person Ihnen sagen, daß sie nicht diejenige ist, für die Sie sie gehalten haben. Sie haben dann aber immer noch eine neue Bekanntschaft gemacht, ja vielleicht sogar einen neuen Freund oder eine neue Freundin hinzugewonnen.

1981 nahm ich zum ersten Mal an einer Konferenz meines Berufsverbandes teil. Einer der Teilnehmer sah aus wie jemand, den ich im Jahr zuvor bei einer Konferenz über Karriereplanung kennengelernt hatte. Er stand ganz allein an der Bar. Als ich ihn sah, schossen mir mehrere Gedanken durch den Kopf. Wenn er nun nicht der Mann wäre, für den ich ihn hielt, sondern ihm nur ähnlich sähe? Würde er meine Begrüßung für einen plumpen Annäherungsversuch halten? Andererseits, wenn ich recht hätte, würde er beleidigt sein, wenn ich ihn einfach überginge? Sollte ich auf ihn zugehen und ihn ansprechen, oder sollte ich darauf warten, daß er auf mich zukommt?

Am unangenehmsten wäre es, so entschied ich, wenn er wirklich derjenige wäre, den ich getroffen hatte, und dächte, ich wollte ihn absichtlich ignorieren. Also ging ich auf ihn zu und sprach ihn auf die Tagung im Juni an. Er war nicht der Mann, für den ich ihn gehalten hatte, dennoch entwickelte sich ein angeregtes Gespräch zwischen uns beiden. So stellte sich heraus, daß er sich an einige meiner Beiträge im *San Francisco Examiner* erinnern konnte. Dies erfüllte mich natürlich mit Stolz, und ich war froh, mein anfängliches Zögern überwunden zu haben. Die Vorteile, die mir daraus erwuchsen, sind unschätzbar. Wir sind Freunde geworden, und jeder spielt im Leben des anderen eine bedeutsame Rolle. Wir reden manchmal noch über unser denkwürdiges ersten Zusammentreffen und necken uns gegenseitig mit meinem kecken Satz: »Kennen wir uns nicht?«

Fassen Sie sich ein Herz

Niemand kann Ihnen den Mut einflößen, den es braucht, um sich einem fremden Menschen vorzustellen. Doch manche Menschen machen es Ihnen leichter als andere. Mein Rat lautet deshalb: Verlassen Sie sich auf Ihr Gefühl, und halten Sie sich an diejenigen, die Ihnen signalisieren, daß sie eine Annäherung wünschen.

Machen Sie sich selbst Mut, ein Risiko einzugehen, indem Sie sich die Frage stellen: »Was könnte mir schlimmstenfalls passieren?« Sie werden erkennen, daß es meist nicht um Leben oder Tod geht. Keine Katastrophe wird hereinbrechen – und selbst wenn, würden Sie sie überleben.

Das eingegangene Risiko ist das Unbehagen fast immer wert. Der alte Spruch »Wer nicht wagt, der nicht gewinnt« gilt noch immer. Heute, wo die Technologie die Welt in rasender Geschwindigkeit verändert, müssen Gelegenheiten, im realen Leben mit unseren Mitmenschen zu kommunizieren, unbedingt ergriffen werden.

Zusammenfassung

Mutters Ermahnungen lauern noch immer in unserem Unterbewußtsein. Machen Sie sich klar, welche Gedanken Sie daran hindern, das Beste aus einer Party oder einem Geschäftstreffen zu machen:

- »Sprich nicht mit Fremden.«
- »Warte, bis der andere dir vorgestellt worden ist.«
- »Nur Gelduld! Wer warten kann, wird am Ende belohnt.«
- »Vorsicht ist besser als Nachsicht.«
- »Achte darauf, keinen falschen Eindruck zu wecken.«

Ratschläge:
- Machen Sie sich Ihre negativen Selbstgespräche bewußt, und wandeln Sie diese in positive Ermunterungen um. Auf andere zugehen birgt ein Risiko, aber die Vorteile wiegen das anfängliche Herzklopfen bei weitem auf.

2 Gegenmittel: Wie Sie Ihre inneren Blockierungen loswerden

Jetzt also die gute Nachricht: Gegen jede Ihrer inneren Blockierungen gibt es ein Gegenmittel. Wenn Sie es kennen und richtig anwenden können, haben Mutters Ermahnungen nicht mehr das Potential, Sie in Ihrer persönlichen Entfaltung zu behindern.

Gegenmittel Nr. 1
Definieren Sie den Begriff »Fremder« neu

Was hat Mutter damals gesagt? Sie sollten nicht mit Fremden reden. Sicher: Eine gewisse Vorsicht ist in der heutigen Gesellschaft durchaus angebracht. Nicht jede Straßenecke ist der richtige Ort, um Bekanntschaften zu machen, und immer wieder werden Ihnen Menschen begegnen, die Ihnen aus unerklärlichen Gründen Unbehagen bereiten. In solchen Fällen ist es das beste, Ihrem Gefühl zu vertrauen.

Wenn Sie aber an einem Treffen mit Berufskollegen teilnehmen, dann sind Sie doch eigentlich nicht unter »Fremden«. An einem Elternabend Ihres Kindes kennen Sie vielleicht keine der Mütter und keinen der Väter, die mit Ihnen im Raum sitzen, doch Sie alle haben ein gemeinsames Interesse: guten Unterricht für die Kinder. Wenn Sie ein neu eröffnetes Fitneßcenter besuchen, in eine Kirche oder Synagoge gehen, an einer Computer-Messe, einer Wohltätigkeitsveranstaltung oder einer politischen

Versammlung teilnehmen, dann teilen Sie mit den anderen Anwesenden auf jeden Fall ein bestimmtes Interesse.

Auf einer Party kennen Sie wahrscheinlich den Gastgeber oder die Gastgeberin und bei einer Hochzeit die Braut oder den Bräutigam. Und vielleicht haben Sie schon einmal beobachtet, wie schnell bei einem Fußballspiel die Anhänger derselben Mannschaft miteinander ins Gespräch kommen.

Überlegen Sie einmal, und zwar bevor Sie zu einem bestimmten Anlaß gehen, was Sie mit den anderen Teilnehmern gemeinsam haben. Dank diesem Vorausplanen sind Sie besser vorbereitet und dadurch auch gelassener. Mit Berufskollegen teilen Sie bestimmte Interessen – ebenso mit denen, die etwas über Ihre Arbeit wissen möchten oder über deren Arbeit Sie selbst mehr erfahren möchten. Menschen, die Sauerstoffapparate verkaufen, Operationen durchführen, medizinische Geräte reparieren oder Versicherungsfälle bearbeiten, finden sicher ein gemeinsames Thema. Sie haben nämlich alle mit Krankenhäusern zu tun. Wenn Sie ehrenamtlich in sozialen Organisationen tätig sind oder in einem Chor singen, dann haben Sie mit denen, die dasselbe tun, etwas gemeinsam. Auch Leute mit Kindern haben etwas, das sie verbindet – ob sie nun Bauingenieure, Musiker, Gebrauchtwagenverkäufer oder Vorstandsvorsitzende sind. Diese gemeinsamen Interessen können die Basis für ein Gespräch sein. Wenn wir uns klar machen, was uns mit den anderen verbindet, schwinden die Vorbehalte, uns diesen »Fremden« zu nähern.

Einer meiner Freunde besuchte einmal eine Wohltätigkeitsveranstaltung der Schule seines Sohnes. Beim Gespräch mit einem anderen Vater, den er von den Fußballspielen der Kinder her kannte, stellte sich heraus, daß dessen Arbeit darin bestand, Führungskräfte für Firmen zu rekrutieren. Welch ein glücklicher Zufall, denn mein Freund dachte gerade daran, sich nach einem anderen Job umzuschauen!

Verlassen Sie sich bei der Annäherung an Menschen, die Ihnen unbekannt sind, auf Ihr Gefühl und Ihren gesunden Menschenverstand. Wenn Sie die Definition »Fremder« nicht mehr so eng sehen, können Mutters Mahnungen Sie nicht mehr davon abhalten, auf andere zuzugehen. Ob Sie nun an einem Benefiz-Galadiner, an einer festlichen Abendveranstaltung der Firma Ihres Ehemannes oder am Sportvereinsfest Ihres Sohnes teilnehmen – besinnen Sie sich darauf, was Sie mit den anderen gemeinsam haben, und schon ist das erste Eis gebrochen. Sie werden sich wohler fühlen, und das ist der Lohn dafür, daß Sie Ihr Verhalten geändert und innere Blockierungen durchbrochen haben.

Gegenmittel Nr. 2
Üben Sie, sich selbst vorzustellen

In früheren Zeiten war es wichtig, daß man einander richtig vorgestellt wurde, aber wir leben heute in einer ganz anderen Welt. Wir lernen möglicherweise keinen einzigen neuen Menschen kennen, wenn wir darauf warten, daß eine gute Fee erscheinen und uns vorstellen möge! Wir stehen vielmehr in irgendeiner Ecke und schauen neidvoll den »Kontaktmenschen« um uns herum zu, die sich ungezwungen im Raum bewegen und sich mal hier, mal da angeregt unterhalten.

Bei manchen Anlässen haben wir das Glück, von einem »Begrüßungskomitee« in Empfang genommen zu werden. Dabei kann es allerdings vorkommen, daß nicht jedes Mitglied dieses Komitees weiß, wer Sie sind, wen Sie treffen möchten oder wie man Menschen einander vorstellt – so daß sich das Komitee vielleicht nicht einmal als besonders hilfreich erweist. Sollte seinen Mitgliedern das Geschick, Informationen, Kontaktfähigkeit oder alles zusammen fehlen, so darf das kein Grund für Sie sein, wertvolle Chancen verstreichen zu lassen. Es ist nun einmal so, daß wir im Leben meist auf uns selbst gestellt sind. Deshalb müssen wir lernen, uns selbst vorzustellen, und zwar so, daß das Interesse des anderen geweckt wird.

Was Sie über sich sagen möchten, wird wahrscheinlich je nach Anlaß unterschiedlich sein. Bei einem Empfang der Handelskammer sollten Sie beispielsweise Ihren Namen nennen und kurz beschreiben, was Sie beruflich tun. Bei einem rein gesellschaftlichen Anlaß ist Ihr Beruf vielleicht bei weitem nicht so wichtig wie die Frage, woher Sie den Gastgeber oder die Gastgeberin kennen. Ihre Vorstellung sollte also genau auf den Anlaß abgestimmt sein.

Als ich beispielsweise zu einer Hochzeit in Chicago eingeladen war, stellte ich mich nicht als Autorin oder Seminarleiterin vor (gleichwohl hatte ich vorsorglich einige Geschäftskarten in meine Handtasche gesteckt). Statt dessen sagte ich: »Ich bin die Jugendfreundin des Vaters des Bräutigams!« Glauben Sie mir, das hat das Gespräch in Gang gebracht ...

Zu einer geschickten Selbstvorstellung gehört, daß Sie Ihren Namen nennen und etwas über sich erzählen, durch das deutlich wird, was Sie mit den anderen Leuten an diesem Anlaß gemeinsam haben. Diese Selbstvorstellung braucht nicht lang zu sein, ungefähr acht bis zehn Sekunden genügen. Doch die wesentlichen Informationen sollten enthalten sein – und vielleicht noch irgend etwas Interessantes, das einen Gesprächsaufhänger bieten könnte. Eine Kollegin und Rhetorik-Lehrerin rät beispielsweise, lieber zu sagen, was man mit seiner Tätigkeit bewirkt, als die Berufsbezeichnung zu nennen. »Dies gibt dem anderen die Gelegenheit, eine Frage zu stellen oder eine Bemerkung zu machen, wodurch ein Gespräch in Gang gebracht wird.«

- »Guten Tag, mein Name ist Tom Fischer. Ich helfe den Menschen, mehr Geld in ihre Börse zu bekommen.« (Börsenmakler)
- »Hallo. Ich bin Silvia Farley. Die Braut und ich waren Zimmernachbarinnen im Studentenwohnheim.«
- »Grüß Gott, ich bin Mary Berger. Ich nehme zum ersten Mal an einer solchen Konferenz teil. Für mich ist dies alles noch ziemlich neu.«

Überlegen Sie sich vorher, wie Sie sich vorstellen wollen, und versuchen Sie dann, es in die Tat umzusetzen. Mit der Zeit wird es Ihnen immer leichter fallen – und sie haben auf diese Weise ein wunderbares Mittel gegen das Scarlett-O'Hara-Syndrom an der Hand.

Gegenmittel Nr. 3
Wechseln Sie von der Rolle des Gastes in die des Gastgebers

Erinnern Sie sich noch an den Ballköniginnenkomplex und an Mutters Ermahnung, nicht zu ungeduldig zu sein? Wir brauchen auf die guten Dinge im Leben nicht zu warten, bis wir graue Haare haben. Ein Leitsatz von mir lautet:

Das Gute kommt nicht zu denen, die darauf warten. Das Gute kommt zu denen, die sich darum bemühen.

In einer amerikanischen Studie wurde festgestellt, daß Menschen bei beruflichen oder privaten Zusammenkünften dazu neigen, entweder die Rolle des Gastgebers oder des Gastes zu spielen. Die Gastgeber zeigen sich von ihrer charmantesten Seite: Sie begrüßen die Gäste, stellen sie einander vor, versuchen Gespräche in Gang zu bringen und tragen dazu bei, daß jeder sich wohl fühlt.

Das Gast-Verhalten sieht ganz anders aus. Gäste warten darauf, daß ihnen jemand den Mantel abnimmt, einen Drink anbietet und sie allen anderen vorstellt. Nicht selten ist ihr Warten auf diese Dienste vergeblich. So schleichen sie sich in irgendeine Ecke und harren dort aus, bis jemand sie erlöst. Während sie wahrscheinlich unter ihrer Schüchternheit leiden, interpretieren andere ihr Verhalten als »unnahbar«.

Dagegen gibt es ein wirkungsvolles Mittel: Wechseln Sie einmal von der Rolle des Gastes zu jener des Gastgebers. Leser und Seminarteilnehmer vom Generaldirektor bis zum Versicherungsvertreter empfanden diesen Tip als äußerst wertvoll. Bei manchen sind ihre Gastgeber-Fähigkeiten besser entwickelt als bei anderen, doch wir alle besitzen bis zu einem gewissen Grad ein, wie ich es nenne, »angeborenes Gastgeber-Verhalten«, auf dem wir aufbauen können.

Was genau tut ein Gastgeber? Im Grunde genommen ist es seine Aufgabe, auf die Gäste zuzugehen und dafür zu sorgen, daß sie sich wohl fühlen. Wenn Sie eine Party geben wollen, dann machen Sie zuerst einmal eine Gästeliste und planen, was es zu essen und zu trinken geben soll. Sie räumen die Garderobe frei. Wenn die Gäste eintreffen, heißen Sie sie an der Türe willkommen, nehmen ihnen die Mäntel ab und bitten sie herein. Sie lächeln und wechseln zur Begrüßung ein paar Worte. Sie laden sie ein, sich am Buffet zu bedienen, und schenken ihnen etwas zu trinken ein. Sie stellen sie den anderen Gästen vor, wobei Sie irgendwelche Gemeinsamkeiten erwähnen, um ein Gespräch in Gang zu bringen. Vielleicht erzählen sie eine kleine Geschichte oder eine interessante Information über den neuen Gast. Am Ende des Abends sind Sie bei der Mantelsuche behilflich und danken jedem dafür, daß er gekommen ist.

Die meisten von uns waren schon einmal in dieser Situation, aber vielleicht sind wir aus irgendeinem Grund aus der Übung geraten. Graben Sie Ihre alten Talente als Gastgeber wieder aus, und üben Sie sich darin bei öffentlichen Anlässen.

Dabei gilt das Gebot: »Übung macht den Meister.« Auch wenn Sie es vielleicht kaum glauben können: Wenn wir uns mehr um das Wohlbefinden des anderen als um unser eigenes kümmern, fühlen wir uns von einer Bürde befreit und können den Anlaß entspannter genießen.

Wenn Sie sich als freiwilliges Mitglied einem Empfangskomitee zur Verfügung stellen können, lernen Sie ganz automatisch jeden kennen, der die Schwelle überschreitet. Es ist dann Ihre Aufgabe, auf Menschen zuzugehen und Ihnen dabei zu helfen, sich wohl zu fühlen. Auf diese Weise sind Sie beinahe gezwungen, das zu tun, was Sie ohnehin tun möchten: Leute kennenlernen und Kontakte knüpfen. Es bleibt Ihnen nichts anderes übrig, als aus sich herauszugehen. Und Sie werden sicher gute Erfahrungen machen. Bei einer Tagung fiel mir beispielsweise eine sympathisch aussehende Frau auf, die ein wenig verlegen abseits stand. Ich erinnerte mich daran, wie unwohl ich mich bei meiner ersten Tagung gefühlt hatte, also stellte ich mich ihr vor und hieß sie willkommen. Wir beide sind Freundinnen geworden, die immer viel miteinander zu bereden haben.

Eine Warnung möchte ich in diesem Zusammenhang allerdings aussprechen: Ihre »Gastgeberrolle« wird nicht erfolgreich sein, wenn es sich dabei nur um eine Theaternummer handelt. Wenn Sie sich nichts aus den Leuten machen, denen Sie begegnen und die Sie begrüßen, werden diese es spüren, und der Dialog wird bald abreißen.

Wenn Sie hingegen die Rolle des Gastgebers gern übernehmen, ist dies ein wunderbar wirksames Mittel gegen den »Ballköniginnenkomplex«. Die Konferenz oder die Party wird dann für Sie zu einem erfolgreichen Erlebnis. Es macht Ihnen nichts aus, auf andere zuzugehen, weil es Ihre Aufgabe ist, und die anderen Teilnehmer werden sich zu Ihnen hingezogen fühlen.

Gegenmittel Nr. 4
Machen Sie sich bei unhöflichem Verhalten aus dem Staub

Wenn wir Angst davor haben, abgelehnt zu werden, verhalten wir uns möglicherweise so gezwungen, daß es allein aus diesem Grunde wirklich geschieht! Es kommt aber auch vor, daß uns jemand zurückweist, wenn wir es gar nicht erwartet haben. Natürlich kränkt es uns, wenn wir auf jemanden zugehen, die Hand ausstrecken, freundlich lächeln, uns vorstellen und daraufhin einen vernichtenden Blick ernten.

Mein Rat in einem solchen Fall schlechten Verhaltens: Wenden Sie sich jemand anderem zu. Wir sollten nicht unsere Zeit damit verschwenden, jemanden, der offensichtlich kein Interesse an uns hat, ein Gespräch aufzuzwingen. Es sind noch andere Leute da, denen es Freude macht, sich mit Ihnen zu unterhalten.

Entschuldigen Sie sich kurz, und entfernen Sie sich. Wahrscheinlich hat das Verhalten dieses Grobians nichts mit Ihnen persönlich zu tun, vielleicht war er einfach zu sehr in seine eigenen Gedanken verstrickt oder so schüchtern, daß es ihm die Sprache verschlagen hat (in einem solchen Fall sollte man ihm vielleicht sogar eine zweite Chance einräumen). Wenn es sich jedoch offensichtlich um einen unhöflichen, schlecht gelaunten Menschen handelt, gibt es nur eines: Reagieren Sie auf ihn so, wie Sie auf einen tödlichen Grippebazillus reagieren würden: Machen Sie sich aus dem Staub!

Gegenmittel Nr. 5
Vermeiden Sie Zweideutigkeiten

Heutzutage, wo Männer und Frauen eng zusammenarbeiten, ist es wichtig, einige Verhaltensregeln zu beachten, damit keine falschen Schlüsse gezogen werden und Ihre Worte, Gesten, Kleidung sowie Ihr Verhalten keinen Anlaß zu Anzüglichkeiten geben.

Zuallererst müssen Sie sich fragen, ob Ihr Verhalten wirklich falsch interpretiert wird oder ob Sie vielleicht tatsächlich ein weitergehendes Interesse an dieser Person haben. Gestehen Sie es sich ein, wenn eine kleine Romanze durchaus in Ihrem Sinne wäre, und verhalten Sie sich so, daß Ihre geschäftliche Beziehung nicht darunter leidet.

Wenn Sie keine verborgenen Absichten haben und keine Mißverständnisse hervorrufen möchten, dann müssen Sie die folgenden Regeln beachten:

- Kleiden Sie sich so, daß Sie keinen falschen Eindruck erwekken könnten. Verzichten Sie im Büro auf durchsichtige oder tief ausgeschnittene Blusen, Miniröcke und sonstige aufreizende Kleidungsstücke.
- Hüten Sie Ihre Zunge. Keine Doppeldeutigkeiten und keine anzüglichen Kommentare!
- Achten Sie auf Ihre Körpersprache.
- Machen Sie klar, was Sie wollen. Beschränken Sie sich auf Geschäftliches.
- Manchmal ist es vielleicht klüger, die graue Maus zu spielen (mit seinen Reizen zu geizen), zumindest in Situationen, in denen man auf falsche Gedanken kommen könnte.

Wir können die Gedanken und Handlungen anderer Menschen nicht kontrollieren, aber wir können uns bewußt machen, welche Signale wir aussenden – und entscheiden, ob wir das tun möchten oder nicht. Stiften Sie also keine Verwirrungen. Seien Sie weiterhin freundlich und offen – aber zugleich auch ein wenig vorsichtig.

In den letzten Jahren wurden die Unterschiede zwischen männlichen und weiblichen Verhaltensmustern in zahlreichen Studien behandelt, so befaßt sich die Arbeit von Dr. Deborah Tannen hauptsächlich mit diesem Thema. In meinem Buch geht es um die Kommunikation zwischen vielen verschiedenartigen Menschen – eine Kommunikation, die zu einer persönlichen Beziehung, zu Vertrauen und Freundschaft führt. Die besprochenen Gegenmittel zu Ihren inneren Blockierungen bedingen eine Verhaltensänderung, aus der Sie jedoch viele Vorteile ziehen werden. Wie genau diese Vorteile aussehen, wird Gegenstand des nächsten Kapitels sein.

Zusammenfassung

Jede Ihrer inneren Blockierungen hat auch etwas Gutes: Sie zwingt Sie dazu, das Gegenmittel zu finden und Ihre Persönlichkeit weiterzuentwickeln. Mit ein wenig Übung, Risikobereitschaft und einigen altbewährten Benimmregeln werden Mutters Ermahnungen Sie nicht mehr daran hindern, bei geschäftlichen und gesellschaftlichen Anlässen eine gute Figur abzugeben. Sie werden schon bald merken, daß Mut sich bezahlt macht: Sie gewinnen gute Kontakte, und, was noch wichtiger ist, Sie haben gleichzeitig Spaß an der Sache.

Blockierung	**Gegenmittel**
Sprich nicht mit Fremden!	Definiere den Begriff »Fremder« einmal anders
Warte, bis du jemandem vorgestellt worden bist	Übe, dich selbst vorzustellen (zehn Sekunden genügen)
Nur Geduld! Wer wartet, wird am Ende belohnt	Wechsle vom Gast- zum Gastgeber-Verhalten
Vorsicht ist besser als Nachsicht	Mache dich bei unhöflichem Verhalten aus dem Staub
Achte darauf, nicht falsch verstanden zu werden	Achte auf Worte, Kleidung und Körpersprache

3 Dabeisein lohnt sich

Bestimmt ist es schon vorgekommen, daß Sie einer Einladung zu einem Abendessen, einem Empfang oder einer Konferenz nachkommen mußten, obwohl Ihnen bereits im Vorfeld klar war, daß Sie sich dort schrecklich langweilen würden. Nur widerwillig schleppten Sie sich an den Ort des Geschehens, blieben, solange es die Höflichkeit gebot, und kamen heim mit dem Gefühl, drei kostbare Stunden Ihres Lebens vergeudet zu haben.

Mit ein wenig Planung braucht Ihnen dies nie wieder zu passieren. Denn: Der Anlaß, dem man überhaupt nichts abgewinnen kann, nicht einmal ein wenig Unterhaltung, existiert gar nicht! Wir können diese lästigen »Pflichtübungen« in Chancen verwandeln, wenn wir sie als eine Art Abenteuer mit unbekanntem Ausgang betrachten.

Lästige Pflicht oder willkommene Gelegenheit?

Wir sollten wissen, aus welchem Grund wir zu einem bestimmten Anlaß gehen. Wenn es uns und den anderen Teilnehmern nichts bringt, wenn es keinen Sinn und Zweck hat – warum sich damit befassen? Doch meistens hat eine Einladung einen Grund: So lädt Ihr Chef oder Kunde Sie vielleicht zu einer Wohltätigkeitsveranstaltung zugunsten Leukämiekranker ein, oder Ihr Neffe bittet Sie, zu seiner Abiturfeier zu kommen.

Der Nutzen, den Sie für sich daraus ziehen können, wird bei jedem Anlaß unterschiedlich sein, aber Sie sollten in jedem Fall im Auge behalten, was Sie wollen. Warum haben Sie sich entschlossen, Ihre Zeit auf dem Empfang, der Feier, der Benefiz-Veranstaltung zu verbringen, anstatt im Internet zu surfen, einen Fernsehkrimi anzuschauen, Klavier zu spielen, den Kindern bei den Schularbeiten zu helfen, zu joggen oder ihre Verwandten zu besuchen?

Es gibt nur einen Menschen, der diese Fragen beantworten kann: Sie selbst.

Was möchten Sie erreichen?

Bevor Sie an einem Anlaß teilnehmen, fragen Sie sich, was Sie gerne erreichen möchten – beruflich oder persönlich.

Es ist wichtig, sich über diesen möglichen Nutzen vorher klarzuwerden. Machen Sie sich bewußt, daß geschäftliche Anlässe auch für Sie persönlich Früchte tragen können und Sie bei privaten Einladungen vielleicht auch beruflich profitieren. Überlegen Sie sich, was Sie sich versprechen können, wie Sie belohnt werden. Ich benutze den Begriff »belohnen«, weil er ausdrückt, daß Sie für den Einsatz von Energie und Zeit eine Art von Bezahlung erhalten werden.

In meinen Vorträgen fordere ich die Zuhörer auf, kurz aufzuschreiben, welche persönlichen und beruflichen Vorteile es ihnen bringt, wenn sie gut auf Menschen zugehen und leicht Kontakte knüpfen können. Das Ergebnis dieser Umfrage sieht dann meist so aus:

Berufliche Vorteile:

1. Ich habe mich selbst als dynamisch erlebt und gelernt, daß ich der Situation gewachsen bin.
2. Ich habe interessante neue Menschen kennengelernt.
3. Ich habe meine Geschäftsbeziehungen gepflegt und ausgebaut.
4. Ich habe mir neue Einsichten und neue Informationen verschafft.
5. Ich habe potentielle Kunden gewonnen.
6. Ich habe meine Karriere gefördert.
7. Ich habe eine paar angenehme Stunden verbracht und mich vergnügt.

In der Tat, man kann sich auch bei einer beruflichen Verpflichtung gut amüsieren. Meist ist gerade der, der die Gesellschaft anderer Menschen genießen kann, auch erfolgreich im Beruf!

Persönliche Vorteile:

1. Wohlbefinden
2. Selbstvertrauen
3. Neue Kontakte/Freunde
4. Wissenszuwachs
5. Vergnügen

Der Faktor »Vergnügen«

Es ist kein Zufall, daß in beiden Aufzählungen der Gesichtspunkt »Vergnügen« auftaucht. Wer würde sich wohl die Zeit nehmen, irgendwohin zu fahren, einen Parkplatz zu suchen, sich unter Menschen zu mischen und mit ihnen zu plaudern, wenn ihm das überhaupt keinen Spaß machte?

Das beste Mittel, uns zur Teilnahme an einer Konferenz, Party oder Tagung zu motivieren, ist, uns die möglichen privaten und beruflichen Vorteile vor Augen zu halten. Dies gibt uns Selbstvertrauen und dem ganzen einen Sinn.

Natürlich sollten wir nicht nur für uns selbst das Beste herausschlagen wollen. Man merkt es den Menschen an, wenn sie nur aus eigennützigen Beweggründen an Anlässen teilnehmen. Menschliche Beziehungen sind immer ein Geben und Nehmen. Jeder, der an einem beruflichen oder gesellschaftlichen Ereignis teilnimmt, hat bestimmte Informationen, Ratschläge, Tips oder Ideen, die wiederum anderen nützen können.

An die Vorteile glauben

Damit Vorteile Wirklichkeit werden, müssen wir an sie glauben, dies gibt uns Kraft und spornt an. Mit ein wenig Übung wird es leichter, die Vorteile zu erkennen. Ich bitte Seminarteilnehmer häufig, sich einmal ihre letzte Party oder Konferenz ins Gedächtnis zu rufen und sich anhand ihrer nachträglichen Einsichten die Vorteile auszumalen, die sie gehabt hätten, wenn sie wirklich das Beste aus dieser Gelegenheit gemacht hätten. Es ist sehr sinnvoll, diese Vorteile aufzuschreiben. Versuchen Sie das Spiel doch auch einmal!

Anlaß __________

Gastgeber __________

Zweck __________

Ort __________

Teilnehmer __________

Grund für Ihre Teilnahme __________

Mögliche berufliche Vorteile

1. ______
2. ______
3. ______
4. ______
5. ______

Mögliche persönliche Vorteile

1. ______
2. ______
3. ______
4. ______
5. ______

Natürlich können die persönlichen Vorteile mindestens ebenso wichtig sein wie die beruflichen. Kontakte, die Sie bei einem privaten Anlaß knüpfen, können zu dauerhaften Freundschaften werden, die Ihr Leben bereichern.

Vor einiger Zeit veranstaltete eine große Wirtschaftszeitung einen Abend, bei dem erfolgreiche Unternehmerinnen ausgezeichnet wurden. Ich traf dort einige Frauen, mit denen ich beruflich Kontakt hatte. Doch das Ereignis blieb mir aus einem anderen Grund in positiver Erinnerung: Ich stieß im Verlauf des Abends dreimal mit derselben Frau zusammen. Beim dritten Mal brachen wir beide in Gelächter aus, und sie meinte: »Na, das kann doch kein Zufall mehr sein. Wir zwei müssen uns anscheinend unbedingt kennenlernen!« Seitdem sind wir befreundet. Ob wir eines Tages auch beruflich zusammenarbeiten werden? »Man weiß es nie!«, wie meine Großmutter zu sagen pflegte.

In freundschaftlichen wie in beruflichen Beziehungen macht sich Kontaktpflege bezahlt. Bei einem Treffen von Seminarleitern und Vortragsreisenden lernte ich einen Kollegen kennen, mit dem ich von da an in Kontakt geblieben bin. Als einer seiner Freunde in meine Gegend zog, rief dieser mich an. Von da an hatte ich einen Freund mehr – einen Freund, der mich durch gute und manchmal auch weniger gute Zeiten begleitet hat.

Vielleicht können auch Sie ähnliche Geschichten von Freundschaften und Kontakten erzählen, die durch Zufall entstanden sind und bei irgendwelchen privaten oder beruflichen Anlässen ihren Anfang genommen haben.

Mehr und mehr Kontakte – die Adreßkartei der Millionäre

Die Fähigkeit, auf Menschen zuzugehen und Kontakte zu knüpfen, bringt einen einmaligen Vorteil: Ihre Adreßkartei schwillt mächtig an. Zumindest das haben Sie jetzt mit Millionären gemeinsam!

Bevor Professor Thomas Stanley Bücher über Wohlhabende schrieb, studierte er das Verhalten von 2000 Millionären. Er fand heraus, daß fast alle über eine sehr umfangreiche Adreßkartei verfügen! Heute kann eine solche Kartei natürlich auch online geführt und auf die elektronische Agenda oder das Handy heruntergeladen werden. Doch auch in diesem Fall besteht die Liste der Namen, die wir in der Adreßkartei oder Datenbank haben, aus Menschen, mit denen wir persönlichen Kontakt hatten.

Stanley hält weiter fest, Millionäre verfügten über einen »besonderen Spürsinn für fruchtbare Kontakte«. Sie würden nicht einfach nur Visitenkarten sammeln; sie hätten auch eine Antenne dafür, wer bereit und fähig sein könnte, ihnen weiterzuhelfen, mit wem sie Informationen austauschen oder vielleicht ein Geschäft machen könnten. Eine umfangreiche Adreßkartei ist nutzlos, wenn wir sie nicht als fortwährende Quelle für Kontakte, Ideen und Ratschläge ausschöpfen wie die Millionäre, deren Leben und Persönlichkeit Stanley untersuchte.

Wer an gesellschaftlichen Anlässen teilnimmt und auf Menschen zugehen kann, hat bald sehr viele Freunde und Bekannte. Stanley fand heraus, daß Millionäre einen sehr großen Bekanntenkreis haben, daß sie in ihren Beziehungen zu anderen Menschen ebensoviel Mut und Initiative beweisen wie in ihren Geschäftsbeziehungen.

Ein Geben und Nehmen

Manchmal vergessen wir, daß jeder von uns etwas hat, womit er anderen nützen und helfen kann. Wir können Informationen, Ratschläge, Hinweise, Ideen oder auch nur ein offenes Ohr anbieten. Bei einem Problem technischer oder steuerrechtlicher Art bin ich wahrscheinlich keine große Hilfe, aber wenn es um Werbung und Promotion geht, kann ich mit Rat und Tat zur Seite stehen. Ich werde auch nie um Kochrezepte angegangen, wohl aber um Adressen von guten Restaurants. Wenn wir auf einer Liste all das aufschreiben, worin wir gut sind, worin wir Erfahrung haben, wächst das Vertrauen in unsere Fähigkeit, etwas beitragen zu können.

Zusammenfassung

- Lernen Sie, auf gesellschaftliche Ereignisse zielbewußt und motiviert zuzugehen.
- Malen Sie sich bereits vorher die möglichen Vorteile aus. Diese können persönlich, geschäftlich – oder alles zusammen sein.
- Spaß zu haben und neue Menschen kennenzulernen ist mindestens ebenso befriedigend, wie ein Geschäft zu machen. (Und auch Geschäfte können zu neuen Freunden führen und nebenbei noch Vergnügen bereiten!)
- Konzentrieren Sie sich nicht nur auf Ihre Interessen. Versuchen Sie ebenfalls, anderen behilflich zu sein.
- Wir alle können irgendeinen Beitrag leisten. Wenn wir unsere Vorlieben, Interessen und Fachkenntnisse aufzählen, wird uns klar, was wir zu bieten haben!
- Wird es sich irgendwann auszahlen? – »Man weiß es nie!«

4 Das dynamische Duo: Charme und Courage

Nun, da wir unsere inneren Blockierungen kennen, die entsprechenden Gegenmittel anwenden und uns der Vorteile unseres neuen Verhaltens bewußt sind, was fehlt uns noch zum erfolgreichen Auftritt auf dem gesellschaftlichen Parkett? – Ich nenne es das dynamische Duo von Charme und Courage.

Natürlich höre ich schon Ihren Einwand: Charme und Courage im selben Atemzug? Das eine ist doch das Gegenteil des anderen! Aber das stimmt nicht!

Courage – die Beherztheit, auf andere zuzugehen

Der Begriff Courage wird gelegentlich mit einer als eher unangenehm empfundenen Dreistigkeit gleichgesetzt. Doch für mich hat Courage eine positive Bedeutung; ich verstehe darunter den Mut, Risiken einzugehen.

Courage läßt uns jenen ersten Kommentar abgeben, der das Eis zum Schmelzen und eine Diskussion in Gang bringt. Courage verleiht uns den Mut, einen Raum zu betreten, in dem eine Party, Benefizveranstaltung, ein Aerobic-Kurs oder eine Konferenz stattfindet, tief Luft zu holen und uns den anderen vorzustellen.

Genau diese Eigenschaften ermöglichen es uns, Kontakte zu

knüpfen! Auch Ihre Kinder sollten diese Fähigkeit besitzen – sie werden dann, wenn sie beginnen, sich in Gesellschaft zu bewegen, anderen gegenüber einen Vorsprung haben. Im 21. Jahrhundert wird vor allem der gesellschaftlich gewandte Mensch seine Ziele erreichen und sich vom Durchschnitt abheben.

Courage – der Eckpfeiler des Selbstvertrauens

In den achtziger Jahren erkannte man, daß Courage eine Eigenschaft ist, die vor allem Führungspersönlichkeiten kennzeichnet. Der Psychologe Elliot Jaffa beschrieb Courage als eine bisher »übersehene persönliche Eigenschaft, die einen erfolgreichen Manager ausmacht«, und erläutert, daß es Courage sei, die uns das Risiko des Zurückgewiesenwerdens eingehen lasse, die uns ermutige, uns mitzuteilen und um das zu bitten, was wir uns wünschen. Sie gebe uns die Kraft, nach einem Sturz wieder aufzustehen, den Staub abzuklopfen und noch einmal von vorn zu beginnen. Kurzum, mit einer gewissen Dosis Courage lasse sich jeder Tag gut überstehen.

Charme – die Kunst, Zuneigung zu gewinnen

Laut dem Duden-Fremdwörterbuch ist Charme eine »liebenswürdig-gewinnende Wesensart«. Kann man sich Charme aneignen?

In einem Kurs für gute Umgangsformen kann man lernen, wie man sich zu kleiden, zu bewegen, zu lächeln, zu schminken und zu benehmen habe. All das ist sicher wichtig, aber Charme bedeutet noch mehr: die schwer definierbare Eigenschaft, andere Menschen anzuziehen und ihnen das Gefühl zu geben, daß sie uns nicht gleichgültig sind.

Bekannte Menschen mit Charme:

- Tom Hanks
- Prinzessin Diana
- Michael Jordan
- Sophia Loren

Wer besitzt Ihrer Meinung nach Charme und warum?

1. ______________________________
2. ______________________________
3. ______________________________
4. ______________________________
5. ______________________________

Wie sind Sie zu dieser Meinung gekommen? Was genau gefällt Ihnen an diesen Menschen?

Wenn wir erkannt haben, was Charme ausmacht, können wir versuchen, uns diese Eigenschaft ebenfalls anzueignen.

Charme ist eine Kombination aus Wärme, Wohlwollen, positiver Einstellung, Humor, Charisma, Geist, Energie und Interesse am anderen. Meine Freundin und Kollegin Diane Parente besitzt Charme. Sie hält Vorträge und arbeitet als Beraterin, um ihren Klienten zu einem guten Image zu verhelfen. Sie hat einen ausgeprägten Sinn für Humor und ein ansteckendes Lachen. Die Menschen suchen ihre Nähe. Charme ist die Fähigkeit, anderen ein Interesse entgegenzubringen, das tief aus dem Herzen und aus der Seele kommt.

In der Ratgeberspalte einer Zeitschrift wurde »Stil und Takt« einmal als die Fähigkeit bezeichnet, sich so zu verhalten, daß Menschen jeglicher Herkunft sich wohl fühlen. Für mich trifft diese Definition auch auf Charme zu.

Ob auf einer Party, einem Empfang oder einer Tagung, wir müssen auf die Gefühle anderer Menschen Rücksicht nehmen. Jemanden zu ignorieren, nur weil der Titel auf seinem Namensschild uns nicht beeindruckt, ist eine schlimme Sünde. Nach einem meiner Vorträge stellte eine Teilnehmerin mir einmal folgende Frage: »Ich möchte nicht kostbare Zeit mit Menschen verschwenden, die in der Firma nichts zu sagen haben. Wie kann ich herausfinden, ob jemand Entscheidungsträger ist oder nicht?« Ich mußte erst einmal tief Luft holen, bevor ich antworten konnte: »Ich glaube, es gibt ein Gebot, das eine solche Art des Denkens verbietet. Und falls nicht, muß es geschaffen werden!« Ihre Frage ließ nicht nur jeglichen Charme vermissen, sie war obendrein auch noch dumm. Denn jene, die anscheinend nichts zu sagen haben, können einen starken Einfluß auf die »Entscheidungsträger« ausüben – und sie können die Bosse von morgen sein.

Eins und eins ist drei

Wenn Courage und Charme zusammenkommen, ergibt sich ein Synergieeffekt: Gemeinsam sind beide noch wirkungsvoller als jede Eigenschaft für sich. Das Ganze ist bekanntlich mehr als die Summe seiner Teile – Sie verfügen dann nicht nur über Courage und Charme, sondern über magische Anziehungskraft! Sie interessieren sich für andere Menschen, und Sie haben den Mut, auf sie zuzugehen und sie dies wissen zu lassen. Von einem solchen Verhalten profitieren beide Seiten.

Courage und Charme kann man nicht mit Hilfe von Verhaltensregeln oder einer bestimmten Technik lernen. Die Fähigkeit, couragiert und charmant aufzutreten, haben wir alle – aber viele müssen sie ein wenig pflegen und weiterentwickeln. Jetzt ist es an der Zeit, diese Qualitäten auszugraben und sie zu nutzen!

Charme bedeutet auch, nett zu den anderen zu sein. Man erinnert sich an die, die den anderen das Gefühl geben, etwas Besonderes zu sein, ihnen ein Lächeln entlocken. Sie brauchen die Aufmerksamkeit der anderen nicht durch auffallende Kleidung oder Effekthascherei zu gewinnen, seien Sie einfach nur nett – und man wird sich an Sie erinnern.

Dies gilt nicht nur in tatsächlichen Festsälen, Party- oder Konferenzräumen, sondern auch im virtuellen Raum. Es ist wichtig, auch online eine gute Figur zu machen. Im nächsten Kapitel werden wir uns diesem Gebiet zuwenden.

Zusammenfassung

- Courage und Charme sind das dynamische Duo, das erfolgreiche Kommunikation mit anderen Menschen ermöglicht. Gute Voraussetzungen dazu bringen wir alle mit.
- Durch Übung werden diese Fähigkeiten noch weiter wachsen. Sie helfen uns, mit Wärme und Takt auf andere Menschen zuzugehen – und sie bewirken, daß sich andere Menschen zu uns hingezogen fühlen.
- Finden Sie heraus, wer Charme besitzt und warum. Was kennzeichnet diese Menschen, wie verhalten und äußern sie sich? Eifern Sie ihnen nach.

5 Wie verhalten wir uns in der virtuellen Welt?

Seit ich 1995 zum ersten Mal über Chatrooms, virtuelle »Plauderrunden«, geschrieben habe, hat die Beliebtheit dieses Kommunikationsmittels rasant zugenommen. Bei Menschen aller Altersgruppen übersteigt inzwischen die Zeit, in der sie über das Internet Kontakte pflegen, Informationen austauschen oder einfach nur plaudern, jene Stunden, die sie im realen Leben diesen Aktivitäten widmen. Dadurch ist viel persönlicher Kontakt verlorengegangen.

Das Internet bietet unendlich viele Möglichkeiten, uns weltweit über Themen jeglicher Art auszutauschen. Doch auch in diesem Raum ohne Grenzen, der uns zu jeder Zeit zur Verfügung steht, gibt es Verhaltensregeln, die es zu beachten gilt.

Durch das Internet haben Menschen lange aus den Augen verlorene Verwandte aufgespürt oder Freunde, ja sogar Partner gefunden. Senioren, die aufgrund ihrer Gebrechlichkeit meistens zu Hause sind, nutzen das Internet als Kommunikationsmittel und bleiben auf diese Weise vielleicht mit einem Enkel oder mit Freunden und Bekannten in Verbindung, oder sie finden über das Internet Leidensgenossen, die gegen dieselbe Krankheit ankämpfen und eine Selbsthilfegruppe gegründet haben. Übrigens stellen ältere Menschen den am schnellsten wachsenden Kreis der Internetnutzer. Chatrooms können uns das Gefühl geben, einer Gemeinschaft anzugehören – einer virtuellen Gemeinschaft.

Natürlich ist es nicht ganz ungefährlich, seine im Internet gefundenen Freunde im wirklichen Leben zu treffen. Ein wenig Vorsicht ist also geboten.

Ein Chatroom ist eine Art virtueller Treffpunkt, in dem geplaudert oder über bestimmte Themen diskutiert wird. Die Zahl der Teilnehmer kann sich von Minute zu Minute ändern. Klinkt sich jemand neu ein, wird dies durch eine generelle Ankündigung bekanntgegeben. Manchmal findet auch eine individuelle Begrüßung durch einzelne statt. Wenn Sie sich in einen Chatroom begeben, sollten Sie nicht gleich zu einem Monolog über Ihr bevorzugtes Thema anheben, sondern erst einmal das Gespräch der anderen verfolgen.

Das Mysterium der Online-Kommunikation

Ein Charakteristikum der Online-Kommunikation, bei der nur E-Mail-Adressen benutzt werden, ist Anonymität. Sich hinter einem Namen oder, wenn Sie wollen, einem Pseudonym zu verstecken, widerspricht natürlich der Vorstellung von einem aufrichtigen, von Herzen kommenden Gespräch. Außerdem können wir weder den Tonfall noch die Gestik und Mimik ausmachen, ja, eigentlich haben wir keine Ahnung, mit wem wir uns wirklich unterhalten. Doch wenn wir dann herausfinden, daß der oder die andere auch gern wandert, Jazz hört, Mountainbike fährt oder genauso wie wir Konferenzen plant, eine an Kindererziehung interessierte Großmutter oder mit der Betreuung ihrer alten Eltern beschäftigte Frau ist, können diese Gespräche sehr informativ und hilfreich sein.

Um im 21. Jahrhundert sowohl beruflich als auch privat erfolgreich zu sein, müssen wir uns mit der Technik und den Verhaltensregeln der virtuellen Welt vertraut machen.

Kontakte knüpfen per Kabel

Die Online-Kommunikation kann über Chatrooms, Internet-Foren und E-Mails erfolgen. Laut Walter Mossberg vom *Wall Street Journal* ist elektronische Post nicht »die aufregendste, aber die effektivste, praktischste und suchterzeugendste Methode der Online-Kommunikation«.

Vom Enkel bis zu den Großeltern – alle tun es! Die Kommunikation im Netz hat astronomische Ausmaße erreicht. Bereits Ende des letzten Jahrtausends wurden über vierhundert Millionen E-Mail-Adressen gezählt. Daß bei einer solchen Verbreitung nicht alles richtig gemacht wird, liegt auf der Hand.

Vor knapp vierzig Jahren wurde die virtuelle Kommunikation vor allem von den Streitkräften, der Regierung und den Hochschulen genutzt. Mittlerweile ist sie zum unumgänglichen Allgemeingut geworden. Zwar glauben einige Geschäftseigentümer noch, ohne Online-Kommunikation auskommen zu können, aber die meisten Geschäfte und Firmen wissen, daß Dienstleistung heute auch bedeutet, daß der Kunde die Art des Kommunikationsmittels wählen kann. So habe ich an manchen Tagen Lust, ein Fax zu senden oder den Telefonhörer in die Hand zu nehmen, um die Stimme des anderen zu hören (wobei sich dies heute meist auf das Hinterlassen einer Nachricht reduziert), andererseits ist die Möglichkeit, noch nachts um halb Zwölf eine Mail zu verschicken, natürlich eine wunderbare Sache. Wenn meine beste Freundin in Boston oder mein Verleger in New York morgens (wenn ich in Kalifornien noch schlafe) ihre Nachrichten abrufen, bin ich schon da … oder zumindest meine Nachricht.

Wir dürfen jedoch nicht vergessen, daß unser Verhalten in der virtuellen Welt genauso bestimmten Regeln unterworfen ist wie unser Verhalten in der wirklichen Welt mit realen Menschen.

Der Politologe Norman Nie hat in einer kürzlich erstellten Studie festgestellt, daß viele Menschen durch die Zeit, die sie im Internet verbringen, weniger Zeit für Freunde und Familie haben. Es ist deshalb nicht nur gut zu wissen, wie wir uns im Internet zu verhalten haben, sondern ebenso, wie oft wir davon Gebrauch machen sollten.

Das Kreuz mit den Kurzmitteilungen

Wenn wir uns in einen Chatroom einklinken, um unsere Kontakte zu pflegen, müssen wir als erstes herausfinden, ob sich die gesuchten Gesprächspartner bereits online befinden. Ist dies der Fall, können wir sie begrüßen und ein Schwätzchen halten, das einer wirklichen Unterhaltung gleichkommt (außer, daß Tonfall, Gestik und Mimik fehlen).

Manchmal sind diese Kurzmitteilungen aber auch eine Belästigung, und wir müssen uns überlegen, wie wir uns in einem solchen Fall verhalten sollen. Was ist, wenn ich gerade an einem Projekt arbeite? Oder einen Termin einhalten muß? Antworte ich auf die Mitteilung, oder ignoriere ich sie? Wie ziehe ich mich am besten aus der Affäre, wenn mir die Zeit für eine Unterhaltung fehlt? Und das Pseudonym – was tue ich, wenn ich den geschickt maskierten Namen nicht erkenne?

Vertrauen Sie Ihrem gesunden Menschenverstand. Sie wissen genau, wann Sie Zeit für eine Unterhaltung haben und wann nicht. Wenn Sie zwar antworten, sich danach aber gleich wieder Ihrer Arbeit zuwenden wollen, bringen Sie dies zum Ausdruck, indem Sie sagen: »Es freut mich, von dir zu hören. Ich muß aber gerade eine dringende Arbeit erledigen. Ich hoffe, bei dir ist alles in Ordnung. Bis bald.« Oder tun Sie das, was viele tun – ignorieren Sie die »Instant message« schlicht und einfach. Manche finden dies vielleicht unhöflich, andere hingegen finden ein nebenbei geführtes Gespräch, während man mit Wichtigerem beschäftigt ist, ebenso ärgerlich und störend.

Liegt die Würze in der Kürze?

Viele E-Mail-Verhaltensregeln ermahnen die Absender, sich kurz zu halten. Das kann ein guter Ratschlag sein, wenn man unter »kurz« nicht ein telegrammähnliches Wortstakkato versteht. Ein paar nette Worte, ein Bitte- oder Dankeschön, ein persönlicher Gruß bringen ein wenig Wärme in diese hochtechnisierte Kommunikationsform. Finden Sie ein Mittelmaß zwischen lang und knapp. Als ehemalige Englischstudentin und Lehrerin möchte ich es so ausdrücken: Wir können kurze Sätze machen, ohne daß diese kurz angebunden klingen. Es sollten Mitteilungen und keine Befehle sein.

Beispiel:
A: »Joe, es wäre hilfreich, wenn du uns die Zahlen noch heute durchgeben könntest. Danke im voraus.«
B: »Wir brauchen die Zahlen noch heute.«

Welcher Nachricht würden Sie lieber Folge leisten?!

Gleiche Bedingungen für alle

Die virtuelle Kommunikation hat auch den Vorteil, daß körperliche Merkmale keinen Einfluß auf den anderen ausüben können. Ich erinnere mich an eine E-Mail-Nachricht einer hörgeschädigten Dame, die mir berichtete, daß E-Mail und Internet-

Foren sie effektiver, erfolgreicher und selbstsicherer gemacht hätten. Niemand lächle mehr über sie, weil sie einen Kommentar, einen Witz oder eine Anweisung nicht richtig verstanden habe. Diese Mail machte auf mich einen tiefen Eindruck.

Teilnehmer von Internet-Foren und -Plauderrunden organisieren aber immer wieder »reale« Zusammenkünfte. Sie wollen ihre neuen Bekannten, Freunde und Ratgeber einmal von Angesicht zu Angesicht sehen. Dabei müssen wir uns im klaren sein, daß unsere Erwartungen auf den Online-Gesprächen basieren. Eine meiner Kolleginnen machte bei einem solchen Treffen folgende Erfahrung: »Einer der Burschen, der im Chatroom immer so witzig und clever war, machte bei unserem Treffen einen unnahbaren und zurückhaltenden Eindruck. Irgendwann im Laufe des Abends fanden wir heraus, daß er schlecht hörte. Als wir dann darauf achteten, ihm beim Reden ins Gesicht zu sehen, blühte er auf und beteiligte sich am Gespräch.«

Chatrooms fördern unter Umständen auch Geschäftsbeziehungen, und mittels E-Mail können wir sowohl »Geschäfte abwickeln« als auch unsere Verbindung mit Freunden und Verwandten aufrechterhalten.

E-Mails ohne Ende

Manchen Menschen fällt es schwer, sich vom Computer zu lösen. 1995 las ich zum ersten Mal über Online-Sucht, und über fünf Jahre später bin ich überzeugt, daß mehr als sechzig Prozent der Internetnutzer die meisten der folgenden Fragen mit »Ja« beantworten würden:

- Überprüfen Sie zwanghaft Ihre E-Mails (zehn- bis zwanzigmal am Tag)?
- Vergessen Sie die Zeit, wenn Sie am Computer sitzen?
- Haben Sie Probleme in persönlichen Beziehungen, die auf die Stunden, die Sie am Computer verbringen, zurückzuführen sein könnten?
- Haben Sie vom vielen Sitzen vor dem Computer an Gewicht zugenommen oder Probleme mit den Augen, der Wirbelsäule oder dem Rücken?

Wenn Sie auf eine dieser Fragen mit »Ja« geantwortet haben, schalten Sie den Computer aus und gehen Sie ins Kino, machen Sie einen Spaziergang, treffen Sie sich mit Freunden oder lesen Sie ein Buch!

Weitergeleitete Aufmerksamkeiten

Eine Kollegin beklagte sich bitterlich über eine Kusine, die das Internet für ihre Art der »Verwandtschaftspflege« nutzt: »Sie leitet zehn E-Mails pro Woche mit Witzen, Gedichten (die sie für ergreifend hält) und sonstigem Schwachsinn weiter. Nie fügt sie ein paar persönliche Worte bei; es ist immer nur eine weitergeleitete Nachricht mit sechs Bildschirmseiten Empfängernamen. Wenn sie so gut mit dem Computer umgehen kann, könnte sie wenigstens die Empfängerliste ausblenden und nur den Text zusammen mit einem persönlichen Kommentar verschicken.« Meiner Kollegin zufolge hatte das Ärgernis allerdings einen positiven Effekt: Es brachte die Kusinen und Vettern enger zusammen – sie überlegen jetzt gemeinsam, wie man diesem weiblichen E-Mail-Folterknecht Einhalt gebieten könnte.

Eine lockere Sicht der Dinge

Mein Bruder Ira sieht die Sache anders. »Mich interessiert, wer alles auf der Liste steht und an welcher Stelle ich komme. Der Vater meiner Freundin verschickte eine Nachricht, auf deren Empfängerliste ich an dritter und sie erst an zehnter Stelle stand! Es hat mir Spaß gemacht, sie wegen dieser Rangordnung zu necken ...«

Ira scheint nicht der einzige zu sein, der Listen durchgeht. Ich habe kürzlich eine Mitteilung von einer lange verschollenen Bekannten erhalten – sie hatte meinen Namen auf der Empfängerliste von jemand anderem gefunden. Das ist auch eine Art, im virtuellen Raum Kontakte zu schließen oder wieder aufzufrischen.

Wie verhält man sich gegenüber einem »Weiterleit-Freak«?

Wenn Kusinen und Vettern sich über zahlreiche nichtssagende E-Mails ärgern, können Sie sich vorstellen, was Kollegen und Kolleginnen darüber denken. Es ist ärgerlich, wenn unsere Namen gegen unseren Willen auf Listen erscheinen.

Wir können die Nachricht löschen ... oder dem Absender ins Gewissen reden. Ich mußte dies bei einer befreundeten Kollegin tun. In einem persönlichen Gespräch, bei dem sie anhand von Tonfall, Mimik und Gestik erkennen konnte, daß ich sie als Mensch weiterhin sympathisch und liebenswert fand, sagte ich ihr: »Ich freue mich immer, von dir zu hören, aber ich habe etwas gegen weitergeleitete Witze, besonders wenn die Empfängerliste ellenlang ist. Mir wäre es lieber, etwas von dir persönlich zu erfahren, damit ich weiß, wie es dir geht.«

Wir sind immer noch Freundinnen und machen Geschäfte miteinander – am Telefon, im persönlichen Gespräch oder online.

Wenn der Computer zum Verhängnis wird

Das »World Wide Web« ist kaum strukturiert, und doch, wie immer in der Geschichte, haben sich Verhaltensregeln und Gesetze herausgebildet – und Gerichte, die über ihre Einhaltung wachen.

E-Mails, die während der Bürozeit verschickt werden, können unter Umständen gegen uns verwendet werden. Die *New York Times* entließ kürzlich Angestellte, weil sie eine unangemessene Nachricht verbreitet hatten. Vergewissern Sie sich also, bevor Sie die Taste »Senden« drücken, ob die Mail auch tatsächlich verschickt werden soll und ob Sie nur an diejenigen gesandt wird, die sie lesen sollen. Firmen kaufen mittlerweile Software, mit denen sie die Nutzung des Internets durch ihre Angestellten überwachen können. Diese Programme können E-Mails rekonstruieren, Buchstabe für Buchstabe!

Egozentriker im Netz

Unser gesunder Menschenverstand, die allgemeine Höflichkeit und unser Gespür für gutes Geschäftsgebaren sagen uns, wann wir zuerst eine Erlaubnis des Empfängers einholen sollten, bevor wir unsere Nachricht schicken.

Ein Autor, der mein Feedback zu seinem Buch erbat, brach diese ungeschriebenen Regeln in mehrerlei Hinsicht: Er sandte mir per E-Mail ein Hunderte von Seiten und Kilobytes umfassendes Dokument. Ich war sprachlos und ließ ihn abblitzen, denn er hatte sich nicht einmal die Mühe genommen, mich zu fragen,

- ob ich Interesse an dieser Arbeit habe;
- ob ich gewillt bin, so lange am Schreibtisch zu sitzen, um die Seiten zu lesen, zu beurteilen und zu redigieren;
- ob ich bereit bin, meinen Computer so lange mit dem Herunterladen und Ausdrucken zu blockieren.

Er nahm wohl an, ich würde mir sein Manuskript in meiner »Freizeit« ansehen, wenn ich keine Bücher schreibe, Reden halte, Geschäfte tätige, Wohltätigkeitsarbeit leiste, Freunde oder Familienmitglieder treffe oder Haushaltspflichten erledige (beachten Sie, was bei mir als letztes kommt ...).

Es ist wichtig, sich erst die Erlaubnis einzuholen. Nicht jeder, der Ihnen bei einem Anlaß seine Visitenkarte gibt, möchte Ihre wöchentlich per Internet verschickten Rundschreiben, Verkaufsargumente oder Witzseiten erhalten.

In Chatrooms werden Gespräche geführt, Informationen ausgetauscht, neue Ideen präsentiert, hilfreiche Hinweise oder Witziges zum Besten gegeben. Dasselbe gilt für E-Mails: Auch hier werden Gespräche geführt, allerdings asynchron. Im günstigsten Fall sind sie sogar eine Version der fast untergegangenen Kunst des Briefeschreibens.

Am letzten Jahreswechsel bekam ich von einer geschätzten Kollegin »Beste Wünsche zum neuen Jahr«. Ich klickte die Nachricht an, obwohl ich sah, daß es sich um eine »Massen-Mail« handelte. Daß kein persönliches Wort enthalten war, konnte ich hinnehmen, doch der Rest war unentschuldbar: Unter dem Deckmantel der guten Wünsche machte sie unverfroren

Werbung für ihre Bücher, Kassetten und Workshops (für die man sich gleich anmelden und bezahlen konnte).

Vielleicht sind manche auf ihre »Wünsche zum Jahreswechsel« eingegangen, die meisten fanden jedoch, wie sich herausstellte, den »Mißbrauch des Brauches« geschmacklos. Unter dem Deckmantel irgendwelcher »Segenswünsche« Marketing zu betreiben, kann uns unseren guten Ruf und Freundschaften kosten.

Auf Nummer Sicher gehen

Manchmal ist es ratsam, eine Nachricht zu verschicken, in der Ort oder Zeitpunkt eines Treffens bestätigt werden. Auf diese Weise weiß der andere, daß wir die Einladung oder Aufforderung zu dem Treffen auch erhalten haben.

Ein Kollege, der Präsident einer gemeinnützigen Organisation ist, bestellte seine leitenden Angestellten über E-Mail zu einer wichtigen Sitzung. Der Zufall wollte es, daß ihn am Morgen davor eine Abteilungsleiterin wegen einer anderen Angelegenheit anrief. »Wir redeten kurz miteinander, und ich sagte am Schluß: ›Wir sehen uns ja bei der Sitzung heute abend.‹ Sie stutzte und erkundigte sich dann, was ich damit meine. Sie hatte die Mail nie erhalten. Seitdem erbitten wir uns immer eine kurze Bestätigung des Termins.«

Auch eine private oder persönliche Mitteilung kann im Netz verlorengehen. Senden Sie Ihre Nachricht lieber noch einmal, bevor Sie sich über eine ausbleibende Antwort grämen. Oder fragen Sie wenigstens, ob die Mail angekommen ist.

Virtuelle und wirkliche Gruß- und Glückwunschkarten

Im Internet gibt es mittlerweile ein großes Angebot an Gruß- und Glückwunschkarten. Diese Art, eines besonderen Anlasses zu gedenken, ist sicher schnell und praktisch – manchmal aber auch Grund zu Verdruß.

So gehen diese Gruß- und Glückwunschkarten zum Beispiel häufig mit Werbung einher. Außerdem ist es eine Zumutung, wenn der Empfänger seine Arbeit unterbrechen muß, um die Grüße oder Glückwünsche herunterzuladen.

Karten auf diese Art zu verschicken kostet den Absender wenig Mühe. Dabei kann leicht der Eindruck entstehen, daß er erst heute, also quasi im letzten Moment, an den anderen gedacht hat. Andererseits ist es für jene, die in anderen Teilen dieser Erde wohnen, die perfekte Art, zu zeigen, daß sie an bestimmte Daten denken, ohne sich auf die nicht immer zuverlässige internationale Post verlassen zu müssen.

Die »konventionellen« Geburtstags- und Festtagskarten, die ich bekomme, sind mittlerweile zu etwas noch Wertvollerem geworden. Wenn es an der Zeit ist, die Osterkarten wegzuräumen, lese ich sie noch einmal und bewahre sie dann auf. Danach werden die Geburtstagskarten aufgestellt. Wenn diese durch Weihnachtskarten ersetzt werden, lese ich die netten Worte von all denen, die mir zum Geburtstag alles Gute gewünscht haben, noch einmal durch. Ich werde weiterhin wirkliche Karten kaufen, senden und aufbewahren. Der persönliche Kontakt läßt sich nicht durch »virtuelle Gefühle« ersetzen.

Dankschreiben via E-Mail

Wenn wir viele Dinge via Internet erledigen, ist die Gefahr, den persönlichen Kontakt zu verlieren, groß. Natürlich ist es vernünftig, sich umgehend mit einigen E-Mail-Zeilen für etwas erkenntlich zu zeigen, doch dem sollte ein kurzes, handgeschriebenes Dankeschön folgen. Sind Sie so beschäftigt, daß Sie vor dem Gedanken zurückschrecken, einen Stift in die Hand nehmen zu müssen? Wenn wir die Zeit haben, ein Geschenk auszupakken, irgendwo hinzustellen, zu konsumieren oder sonstwie zu benutzen, haben wir sicher auch die Zeit, unsere Anerkennung, unsere gute Kinderstube und unseren Charakter dadurch zum Ausdruck zu bringen, daß wir einen Stift in die Hand nehmen und ein oder zwei Sätze schreiben. Wenn es die Zeit nicht zuläßt, ein kurzes Dankschreiben zu verfassen, sollten wir das Geschenk unausgepackt wieder zurücksenden.

Auch Geschenke, die nicht hübsch verpackt vor uns liegen, verdienen unsere Anerkennung. So sollten wir uns etwa mit einer umgehenden E-Mail bei einem Kollegen für einen Hinweis oder eine hilfreiche Information bedanken und dem noch ein paar (handschriftliche!) Dankeszeilen folgen lassen. Wenn der Hinweis, den wir erhalten haben, zu einem wichtigen neuen Kunden oder einem neuen Auftrag führt, ist es sogar angebracht, dem Dankschreiben noch ein Geschenk beizufügen. Denken Sie daran: Unser Verhalten hebt uns von der Masse ab und hinterläßt Spuren. Schön, wenn man sich gern an uns erinnert.

Manchmal kennen wir lediglich die E-Mail-Adresse der Person, die uns weitergeholfen hat, und verfügen über keinerlei weitere Informationen. In diesem Fall lautet mein Rat: Fragen Sie nach der Postanschrift. Wenn Ihre Internet-Bekanntschaft Ihnen einen neuen Kunden oder einen neuen Auftrag vermittelt oder zur Lösung eines Problems beigetragen hat, ist wahrscheinlich genügend Vertrauen vorhanden, daß die Bitte nach der Postanschrift nicht unangemessen erscheint.

Die feige Art, eine Beziehung zu beenden

In meinem Bekanntenkreis machte eine Kollegin die Erfahrung mit einer bedauerlichen Erscheinung in der Netz-Kommunikation: dem Beenden einer Beziehung via E-Mail. Ironischerweise hatte der »Täter«, ein junger Mann aus der Compurterwelt, zuvor des öfteren verkündet: »Bei manchen Dingen sind wirkliche Gespräche Mails vorzuziehen.« Das Auflösen von Beziehungen via E-Mail wurde 1999 auf der Titelseite des *Wall Street Journals* groß herausgestellt. Dasselbe Blatt berichtete im Februar 2000, daß einige Manager Kündigungen per E-Mail vornehmen. Meiner Meinung nach muß beim Überbringen schlechter Nachrichten, ob es sich nun um den Verlust des Arbeitsplatzes, eines geliebten Menschen oder sonst irgendwelche Tragödien handelt, sensibler vorgegangen werden. Kündigen Sie niemandem und verlassen Sie niemanden per E-Mail. Haben Sie den Mut, schlechte Nachrichten persönlich zu überbringen. Nur weil Mails etwas Praktisches sind, heißt das noch lange nicht, immer davon Gebrauch machen zu müssen. Manche Dinge sollte man nur von Angesicht zu Angesicht regeln.

Und was ist mit der E-Mail-Kondolenz-Karte?

Wenn jemand einen geliebten Menschen verloren hat, kann eine E-Mail, in der wir unser Mitgefühl aussprechen, durchaus angemessen sein, wenn wir mit dem Trauernden eine Online-Beziehung haben. Eine Kondolenzkarte sollte dann allerdings noch folgen. Wie andere Karten hat sie etwas Handfestes an sich, kann wiederholt gelesen, aufgestellt und aufbewahrt werden. Natürlich kann eine Mail oder eine elektronische Karte auch gespeichert werden, aber das ist nicht vergleichbar. Eine Kondolenzkarte, der wir ein paar handschriftliche Zeilen hinzufügen, hilft den Trauernden beim Verarbeiten ihres Schmerzes. Mitgefühl wird sowieso immer am besten persönlich oder, wenn die Entfernung zu groß ist, telefonisch ausgesprochen.

Falls man den Trauernden nur über den Chatroom oder das Internet kennt, ist der Ausdruck des Beileids allein über das Internet jedoch in Ordnung.

Auch in der virtuellen Welt gibt es Situationen, bei denen es nicht darauf ankommt, sie möglichst rasch zu meistern, sondern taktvoll. Wir werden nach unserem Verhalten beurteilt – in der virtuellen und der realen Welt –, und wer möchte schon als unsympathisch, gefühllos oder unhöflich gesehen werden?

Zusammenfassung

- Lesen Sie E-Mails noch einmal durch, achten Sie auf Zeichensetzung, Orthographie und flüssigen Satzbau (die Prüfung durch das Grammatik- und Rechtschreibprogramm allein genügt nicht).
- Überprüfen Sie regelmäßig, ob Sie Post bekommen haben. (Wenn Sie dies allerdings mehr als achtmal am Tag tun, sollten Sie das Fragespiel auf Seite 69 beantworten.)
- Vergessen Sie Ihre guten Umgangsformen und ein paar persönliche Worte nicht.
- Es gibt Situationen, in denen eine persönliche Unterhaltung einer E-Mail vorzuziehen ist, selbst wenn letzteres der einfachere Weg ist.

- Benutzen Sie keine ordinären Ausdrücke. Sie zu lesen ist schlimmer, als sie zu hören.
- Holen Sie vorher die Erlaubnis ein, wenn Sie mehr als eine Bildschirmseite Informationsmaterial verschicken wollen.
- Geben Sie niemandem den Laufpaß und kündigen oder maßregeln Sie niemanden via E-Mail.
- Verschicken Sie keine E-Mail, die, wenn sie in die falschen Hände gerät, Ihnen Unannehmlichkeiten bereiten könnte.
- Benutzen Sie den Bürocomputer nicht zum Weiterleiten von zweideutigen Nachrichten, die Sie Ihren Job kosten könnten.
- Leiten Sie keine Seiten mit Sprüchen, Witzen oder Warnungen weiter.
- Achten Sie darauf, nicht unnötigerweise und übermäßig die Zeit anderer in Anspruch zu nehmen.
- Verschicken Sie keine im ersten Zorn verfaßte E-Mail (warten Sie einen Tag, lesen Sie das Geschriebene noch einmal durch und bewerten Sie es neu).

6 Herr und Frau Unsympathisch knüpfen Kontakte – wie man es nicht machen sollte

Nur wer seine Mitmenschen wirklich mag, sie respektiert und ihnen vertraut, wird ihre Zuneigung gewinnen. Wer sich im Grunde nichts aus anderen Menschen macht und sein Interesse nur heuchelt, wird meist auf wenig Gegenliebe stoßen, denn der andere spürt die Unehrlichkeit. Wir alle sind schon solchen Schmeichlern und ungezogenen Rüpeln begegnet, die meist sogar noch überzeugt sind, mit ihrer Art des Verhaltens gut anzukommen ...

Auf einer Wohltätigkeitsveranstaltung kam Richard, ein Mann, der sich in der Politik engagiert, auf mich zu und erzählte mir, daß es für ihn kein Problem darstelle, Kontakte zu knüpfen, und daß er recht erfahren darin sei. Auf den ersten Blick schien er gescheit, charmant und liebenswürdig zu sein. Aber während wir sprachen, wanderten seine Augen im Raum umher, um zu sehen, wer sonst noch da war, und mich beschlich das Gefühl, daß er keine Zeit mit Leuten verschwenden wollte, die er für unwichtig hielt. Alles, was er tat, schien berechnet. Er registrierte meine Worte und reagierte darauf – aber er hörte mir nicht wirklich zu. Wenn er sprach – fast ausschließlich über sich selbst, seine Vergangenheit, seine Ideen, seine Erfolge, seine Ziele –, sah er mich mit Augen an, die mir wie kalte Laserstrahlen vorkamen. Ich hatte das Gefühl, benutzt, ja geradezu mißbraucht zu werden. Herr Unsympathisch war ein Ausnutzer.

Menschen wie Richard werden in einer kürzlich erhobenen Studie so beschrieben: »Gerade Unfähige haben oft ein immenses Vertrauen in ihr Können. Sie sind zufrieden und glücklich in ihrer Ignoranz, weil ihnen neben anderen Fähigkeiten auch die kompetente Beurteilung ihrer selbst sowie anderer fehlt.«

Menschen dieser Kategorie nehmen jede Gelegenheit wahr, um sich – im privaten, geschäftlichen oder sogar sozialen Bereich – Vorteile zu verschaffen. Sobald man ihre Absichten spürt, sollte man sich zurückziehen. Und hüten Sie sich davor, ihr Verhalten nachahmenswert zu finden.

Die Tarnung von Herrn Unsympathisch

Wir alle haben Herrn oder Frau Unsympathisch schon auf Parties, Empfängen oder Konferenzen getroffen. Sie tragen einen teuren Anzug, ein edles Chanel-Kostüm oder auch etwas Durchschnittliches aus dem Kaufhaus. Sie können durchaus sympathisch aussehen, ja auf den ersten Blick vielleicht sogar der Mann oder die Frau unserer Träume sein. Und oft finden sie auch noch genau die richtigen Worte.

Dennoch spüren wir, daß sie sich nicht wirklich für uns, für unsere neue Firma oder sonst irgend etwas, was nicht sie betrifft, interessieren. Und wir spüren ebenfalls, daß sie das, was sie versprechen, höchstwahrscheinlich nicht halten werden. Ihr Verhalten stimmt nicht mit ihren Worten überein, sondern straft sie lügen – anstatt zu lügen, sollten wir doch besser gleich den Mund halten.

Familie Unsympathisch hat ganz unterschiedliche Mitglieder. Es gibt männliche und weibliche, junge, alte und mittelalterliche, reiche und solche, die gerade so über die Runden kommen. Allen gemeinsam ist ein Mangel an Respekt für jeden, der ihnen

»nichts nützt«. Sie sind eifrig bemüht, ihr Kontaktsoll zu erfüllen – und das merkt man. Auf diese Weise schafft man sich keine gute Beziehung zu Kollegen, Kunden und Freunden, denn gesellschaftliche und berufliche Kontakte lassen sich nicht quantitativ bestimmen.

Was wir von Herrn und Frau Unsympathisch lernen können

Gibt es etwas, das wir von Herrn und Frau Unsympathisch lernen können? Aber ganz gewiß. Die Tricks und angelernten Verhaltensweisen, die es jemandem zunächst erleichtern, Kontakte zu knüpfen und auf Menschen zuzugehen, reichen nicht aus; entscheidend sind vielmehr Wärme, Herzlichkeit und das Bedürfnis, dem anderen zu helfen.

Auch auf die Gefahr hin, altmodisch zu klingen, rate ich Ihnen, sich im Zweifelsfall an die goldene Regel zu halten: Behandeln Sie Menschen so, wie Sie behandelt werden möchten. Damit gehen Sie fast immer richtig.

Ich sage »fast immer«, weil es einige Leute gibt – Gott sei Dank nur wenige –, denen es egal ist, wie wir sie behandeln, weil wir ihnen gleichgültig sind. Sie behandeln jeden mit einer Mischung aus Gleichgültigkeit und Geringschätzung und erwarten von anderen auch nichts Besseres. Sie gehören zur Kategorie »Hindernis Nr. 4«: Sie verleiten uns dazu, nichts zu riskieren. Besinnen Sie sich auf das Gegenmittel, und suchen Sie das Weite.

Darüber kann ich nicht lachen – Humor, der verletzt

Der Spaßvogel, der bei einer Veranstaltung mit unangemessenen Witzen Aufmerksamkeit auf sich zu ziehen sucht, hat etwa dieselbe Wirkung wie ein Insektenspray: Er stößt ab. Vermeiden Sie es, auf eine Bemerkung einzugehen, die andere in Verlegenheit bringt.

San Francisco besitzt eine »Humor-Bibliothek«, in der fast alle Studien über Komik und Humor vorliegen. Dort bestätigte sich mein Argwohn, daß es einen Unterschied zwischen männlichem und weiblichem Humor gibt: So finden es Männer im allgemeinen witzig, sich über andere lustig zu machen, während Frauen mehr über Situationskomik lachen. Überlegen Sie sich zweimal, über etwas zu lachen, das auf Kosten anderer geht. Ein Ausspruch meiner Mutter lautete: »Was wir im Scherz sagen, ist oft ernst gemeint.«

Falsche Aufmerksamkeit auf sich lenken

Ich habe eine gute und eine schlechte Nachricht für Herrn und Frau Unsympathisch. Die gute Nachricht lautet: Wenn es ihr Ziel war, Aufmerksamkeit zu erregen, haben sie dies erreicht. Man wird sich an sie erinnern, und man wird über sie reden.

Die schlechte Nachricht: Die Gründe, weshalb man sich an sie erinnert und über sie redet, sind die falschen. Herr und Frau Unsympathisch hinterlassen einen schlechten Eindruck – und das wird letztlich weder ihren geschäftlichen noch ihren privaten Beziehungen förderlich sein. Man wird sie als jemanden in Erinnerung behalten, der andere benutzt und manipuliert und dazu alle möglichen »Tricks« anwendet.

Wie man mit Herrn und Frau Unsympathisch umgeht

Machen Sie sich aus dem Staub – so schnell wie möglich! Warum sollten Sie sich einem unangenehmen Menschen aussetzen oder Ihre Zeit damit verschwenden, zu jemandem freundlich zu sein, der das nicht zu schätzen weiß? Bleiben Sie höflich, aber machen Sie sich zugleich klar, daß Herr und Frau Unsympathisch zwischen Höflichkeit und Unhöflichkeit meist keinen großen Unterschied wahrnehmen. Murmeln Sie einige abschließende Worte wie: »Ich wünsche Ihnen noch einen angenehmen Abend«, und ziehen Sie sich zurück – möglichst in die andere Ecke des Raumes.

Zusammenfassung

Herrn und Frau Unsympathisch erkennt man daran, daß sie

- anderen ein Gefühl der Unbehaglichkeit vermitteln;
- nur an sich denken;
- an ihrem Gesprächspartner vorbeiblicken, um zu sehen, wer sich noch im Raum befindet;
- das Ereignis unbedingt zu ihrem Vorteil nutzen wollen;
- zuviel trinken;
- schlüpfrige, beleidigende Witze erzählen;
- kein Interesse an Menschen haben, von denen sie sich keinen Vorteil versprechen;
- bestrebt sind, ihr Kontaktsoll zu erfüllen;
- sich über andere lustig machen;
- Leute nach ihrem Titel oder ihrem Namensschild beurteilen.

Wenn Sie auf einen Menschen dieser Kategorie treffen, wird eine Stimme in Ihrem Inneren Sie darauf hinweisen. Hören Sie auf diese Stimme, und suchen Sie das Weite!

7 Die sieben Schritte guter Vorbereitung und Planung

Sie sind auf dem besten Weg. Sie kennen Ihre inneren Blockierungen, die Gegenmittel und die besonderen Vorteile, die Ihnen der Kontakt mit anderen Menschen bringen kann. Sie haben gelernt, Ihren Charme und Ihre Courage einzusetzen, und Sie sind wild entschlossen, weder selbst Herr oder Frau Unsympathisch zu sein, noch einer solchen Person auf den Leim zu gehen.

Wie geht es nun weiter? Bevor Sie in die Nacht hinauseilen – oder in den Nachmittag oder den Morgen –, nehmen Sie sich ein wenig Zeit für die Vorbereitung, denn gut geplant ist halb gewonnen! Ob Sie zu einer Cocktailparty, einer politischen Veranstaltung, einem Geschäftsessen, einer Konferenz oder einer Klassenzusammenkunft gehen: Bereiten Sie sich auf jeden Fall gut darauf vor.

Als erstes müssen Sie wissen, um welche Art von Ereignis es sich handelt, unter wessen Schirmherrschaft es steht, wer daran teilnehmen wird und was Sie mit diesen Menschen gemeinsam haben. Bevor Sie das Haus verlassen, überprüfen Sie, ob Sie Ihre Visitenkarten eingesteckt haben und ob Sie ansprechend und gepflegt aussehen. Dann gehen Sie die folgenden sieben Punkte durch.

Schritt Nr. 1
Stellen Sie sich positiv ein

Entscheidend ist Ihre innere Einstellung: Sie kann ein Ereignis zu einem Erfolg machen – oder zu einer Katastrophe. Nur wenn Sie mit einem Pokerface gesegnet (oder geschlagen) sind, wird es Ihnen vielleicht möglich sein, eine negative Haltung zu verbergen.

Wenn Sie bereits beim Hingehen denken: »Ich weiß schon jetzt, daß es schrecklich werden wird«, dann wird es auch so sein – man wird Ihnen anmerken, daß Sie eigentlich lieber woanders wären.

Wenn Sie aus irgendeinem Grund an einem Anlaß wirklich nicht teilnehmen wollen, dann tun Sie's auch nicht. Es ist besser, nicht hinzugehen, als einen negativen Eindruck zu hinterlassen. Sie sind es sich schuldig, auch Ihre eigenen Bedürfnisse zu befriedigen, und wenn Sie gegen Ihre innere Überzeugung teilnehmen, dann spricht allein Ihr Gesichtsausdruck Bände. Selbst wenn Sie sich zu einem Lächeln zwingen, werden Ihre Augen Sie verraten.

Warum sollten Sie ein neues Hemd oder ein frisch gereinigtes Seidenkleid durchschwitzen und Ihre kostbare Zeit investieren, wenn Sie sich ohnehin nicht amüsieren wollen?

Leute, die immer widerwillig zu irgendwelchen Anlässen gehen, weil sie bereits im voraus wissen, daß es furchtbar werden wird, leiden unter einer Krankheit, die ich das »Zitronensyndrom« nenne: Sie sehen so aus, als hätten sie gerade in diese saure Zitrusfrucht gebissen. Das Unglück der ganzen Welt liegt im Blick dieser bedauernswerten Menschen, allerdings ohne jeden ersichtlichen Grund. Zitronenbeißer sind elend dran – und sie lieben ihr Elend. Wenn Sie versuchen, das Gemüt dieser Menschen aufzuheitern, werden sie Sie dafür hassen. Vielleicht haben Sie einen Zitronenbeißer in Ihrer Familie oder in Ihrem Büro. Auch wenn Sie selbst nicht permanent unter dieser Krankheit leiden: Eine negative Einstellung wird auch bei Ihnen zeitweilig dieselben Symptome hervorrufen. Die meisten Menschen haben bereits Erfahrungen mit Zitronenbeißern gesammelt – und machen einen weiten Bogen um sie.

Bevor wir ausgehen, überprüfen wir das Make-up oder den Sitz der Krawatte. Noch wichtiger als ein tadelloses Äußeres ist jedoch eine positive Einstellung, weshalb wir ihr mindestens ebensoviel Aufmerksamkeit widmen müssen. Natürlich meine ich nicht, daß Sie pausenlos vor Lebensfreude zu sprühen haben, um angenehm, freundlich und positiv zu erscheinen. Es genügt, zu lächeln und etwas Interesse und Begeisterungsfähigkeit zu zeigen.

Wie sich noch nicht vorhandene Begeisterungsfähigkeit wekken läßt, zeigt der nächste Schritt.

Schritt Nr. 2
Konzentrieren Sie sich auf die positiven Aspekte des Ereignisses

In Kapitel 3 habe ich erläutert, daß Sie genau wissen sollten, weshalb Sie an einem Meeting, einer Party, einem Abendessen oder einem Empfang teilnehmen. Weil in unserer schnellebigen Welt Zeit zu so einem kostbaren Gut geworden ist, muß Ihnen klar sein, was Sie gewinnen, wenn Sie Ihr Zuhause oder Ihr Büro verlassen, um zu einem dieser Anlässe zu gehen. Ihre Absichten werden je nach Anlaß ganz unterschiedlich sein. Sie sollten sie aber immer im Auge behalten.

Wollen Sie an diesem Ereignis teilnehmen, weil es wichtig ist, sich wieder einmal unter Kollegen oder Gleichgesinnten blikken zu lassen? Wollen Sie Ihrer Chefin zeigen, daß Sie das von ihr geförderte Projekt unterstützen? Möchten Sie Ihren Angestellten ein Vorbild sein und deshalb persönlich am Treffen der Handelskammer teilnehmen?

Ich gehe beispielsweise zu nahezu allen von der örtlichen Handelskammer organisierten Anlässen – zum einen, um mich zu zeigen, zum anderen, um die Kontakte mit meinen Kollegen und Kolleginnen aufzufrischen. Es liegt mir nicht daran, meine Bücher zu verkaufen oder Vereinbarungen für Seminare oder Vorträge zu treffen, sondern ich möchte einfach mit Leuten, die in meiner Branche tätig sind, reden und mich gut unterhalten. Vielleicht ergibt sich ein Geschäft, vielleicht auch nicht; wichtig allein ist, sich wieder einmal gezeigt zu haben.

Es ist vollkommen in Ordnung, wenn Sie vor allem deshalb an einem Ereignis teilnehmen, weil Sie sich dazu verpflichtet fühlen – solange Sie zugleich mit einer positiven Einstellung hingehen. Gleichgültig, welcher Generation Sie angehören, bei manchen Anlässen – und das kann über den Muttertag und das Weihnachtsfest hinausgehen – wird Ihre Teilnahme einfach erwartet.

Das bedeutet nicht, daß Sie sich nicht amüsieren können. Warum sollte es unangenehm oder lästig sein, neue Menschen kennenzulernen, sich ein wenig zu unterhalten, neue Kontakte zu knüpfen und Ihr Beziehungsnetz durch einige Visitenkarten zu erweitern?

Besorgen Sie sich kleine Karteikarten, und beschriften sie diese so wie in unserem Muster; füllen Sie vor jeder Einladung eine dieser Karten aus. Sollten Sie für die Aufzählung der Vorteile auch noch die Rückseite gebrauchen – um so besser!

Sie können die Karte auch in Ihre Brieftasche stecken oder in Ihrem elektronischen Notizbuch abspeichern und einen kurzen Blick darauf werfen, bevor Sie den Raum betreten. So können

Sie sich Ihre persönlichen Ziele noch einmal ins Bewußtsein rufen und vor Augen halten, welchen Lohn die Teilnahme Ihnen bringen könnte – sei dies in persönlicher oder vielleicht sogar finanzieller Hinsicht.

Anlaß

Ort

Gastgeber

Teilnehmer

Gründe für meine Teilnahme:

Geschäftliche Vorteile	Persönliche Vorteile
1.	1.
2.	2.
3.	3.
4.	4.
5.	5.

Eine Warnung: Lassen Sie sich von Ihren Zielen leiten, nicht tyrannisieren. Wir alle kennen Menschen, die blindlings auf ihr Ziel zusteuern – und wehe dem, der ihnen dabei in die Quere kommt! Eine solch rücksichtslose »Zielstrebigkeit« wirkt eher abstoßend denn charmant und wird kaum von Erfolg gekrönt sein, weil die anderen es durchschauen.

Wenn wir uns auf die Vorteile eines bestimmten Ereignisses konzentrieren, dann hilft uns das, uns selbst zu motivieren und unsere Ziele im Auge zu behalten. Im Grunde sind es vor allem zwei Faktoren, die uns helfen, die Herzen der Mitmenschen zu gewinnen: unsere Liebenswürdigkeit und unser aufrichtiges Interesse.

Schritt Nr. 3
Planen Sie, wie Sie sich vorstellen wollen

Die beste Selbstvorstellung ist kurz und prägnant – sie sollte nicht länger als zehn Sekunden dauern. Natürlich nennen Sie Ihren Namen und geben Ihrem Gegenüber kurz einen Anhaltspunkt, wer Sie sind und wie man Sie »einordnen« könnte. Indem Sie sagen, was Sie tun, geben Sie dem anderen die Möglichkeit, auf Gemeinsamkeiten hinzuweisen, eine Frage zu stellen oder sonst eine Bemerkung zu machen.

Sicher ist es sinnvoll, die Vorstellung den verschiedenen Anlässen entsprechend zu variieren.

So könnte der neue Verwaltungsdirektor eines Krankenhauses sich je nachdem wie folgt vorstellen:

- Auf seiner ersten Konferenz der Verwaltungsdirektoren sämtlicher Bezirkskrankenhäuser, bei der alle Teilnehmer die gleiche Funktion innehaben, sagt er einfach nur: »Ich bin Mark Spring vom Johanniter-Krankenhaus.«
- Auf einem Empfang, bei dem Mitarbeitern der Krankenhausverwaltung die neue Leitung vorgestellt wird, sagt er: »Ich bin Mark Spring, ihr neuer Verwaltungsdirektor.«
- Auf der Hochzeit seiner Tochter sagt er: Ich bin Mark Spring, Lindas Vater«, oder etwas zwangloser: »Ich bin derjenige, der für die Kosten dieser Feier aufkommt!«

Mit Ausnahme des letzten Beispiels sind diese Vorstellungen ziemlich förmlich. Manchmal können Sie auch versuchen, die Atmosphäre etwas aufzulockern, indem Sie Ihre Selbstvorstellung mit einer Prise Humor würzen.

So könnte Mark beim ersten Treffen der Teilnehmer einer Anti-Raucher-Gruppe sagen: »Ich bin Mark Spring – wahrscheinlich eine harte Nuß, was die Wirksamkeit dieses Programms anbetrifft.«

Ihre Selbstvorstellung hat drei Ziele: Erstens müssen Sie den Menschen mitteilen, wer Sie sind, ihnen zweitens einen guten Eindruck von Ihnen vermitteln und drittens einen Anhaltspunkt für ein Gespräch geben. Sprechen Sie deutlich, und sehen Sie Ihrem Gegenüber in die Augen. Wie gesagt, Ihre Vorstellung kann mit etwas Humor und vielleicht auch einigen Informationen angereichert sein. Doch was Ihrem jeweiligen Gesprächspartner letzten Endes im Gedächtnis bleibt, ist das Interesse, die Wärme und die Begeisterungsfähigkeit, die Sie ausstrahlen.

Schritt Nr. 4
Überprüfen Sie Ihre Visitenkarten

Wer Ihre Visitenkarte bekommt, sollte Ihren Namen, Ihre Firma und Ihre Position daraus ersehen können, so daß er bei Bedarf leicht mit Ihnen Kontakt aufnehmen kann.

Manche Leute realisieren nicht, wozu Visitenkarten eigentlich da sind. Bevor sie ihr Heim oder das Büro verlassen, stopfen sie sich eine Handvoll Karten in die Taschen, drücken sie dem anderen, falls sie per Zufall danach gefragt werden, in die Hand und lassen die Karten, die ihnen gegeben werden, irgendwo in ihrer Brieftasche oder der Innentasche ihres Jacketts verschwinden. Ein wenig später (eine Woche oder auch zwei Jahre) kommen aus den verschiedensten Gründen, beispielsweise dank der Neuanschaffung einer Brieftasche, diese potentiell wertvollen Ressourcen wieder ans Tageslicht – voller Eselsohren oder, nach einer chemischen Reinigung, als kompostreife graue Masse. Dies ist nicht der Sinn von Visitenkarten! Vielmehr sollen diese Karten anderen eine optische, greifbare Gedächtnishilfe an die Hand geben, die sie in ihre Visitenkartenablage stecken oder in ihr elektronisches Adressenverzeichnis abspeichern können. Und Sie sollten dasselbe mit den Karten der anderen machen.

Der richtige Umgang mit Visitenkarten

- Überprüfen Sie, ob Ihr eigener Name, der Name Ihrer Firma, die Telefon- und Fax-Nummer sowie die E-Mail- und Website-Adresse gut lesbar sind. Wählen Sie einen Schrifttyp, der so groß und deutlich ist, daß niemand erst nach einer Lupe suchen muß, um sie zu entziffern.
- Überlegen Sie sich ein System, das es Ihnen ermöglicht, Ihre eigenen Karten immer griffbereit bei sich zu tragen und die Visitenkarten von anderen zu sammeln – und wiederzufinden. Ich selbst habe für diese Zwecke eine große Zigarettendose, die in der Mitte unterteilt ist, so daß sich meine eigenen Karten und die von anderen leicht trennen lassen. Vielleicht geben Sie auch später zu Hause oder im Büro die Namen und Daten, geordnet nach Anlaß und Datum, in den Computer ein. Sollten Sie, so wie ich, noch nicht für alles den Computer benutzen, dann klammern Sie die Karten entsprechend dem Anlaß und Datum zusammen. Auf diese Weise können Sie sie dann in der Schachtel oder in Ihrem Visitenkartenordner ablegen – und brauchen Ihr Gedächtnis nicht mehr damit zu belasten. Eine Karte nach einem bestimmten System abzulegen ist nur dann sinnvoll, wenn man sie bei Bedarf auch wieder finden kann – und dazu muß man sich meist an den Namen der betreffenden Person erinnern. Mein nächster Tip wird Ihnen dabei helfen.
- Schreiben Sie als Gedächtnishilfe möglichst umgehend einige Anhaltspunkte auf die Karte, die Sie gerade erhalten haben, damit Sie sich daran erinnern, um wen es sich handelt. Falls Sie vorhaben, die Karte später einzuscannen, sollten Sie die Bemerkungen nicht auf der Vorderseite anbringen.
- Bringen Sie genügend Karten mit. Meine verstorbene Mentorin hat mich immer wieder darauf hingewiesen, daß nie-

mand gern eine benutzte Serviette mit nach Hause nimmt – selbst wenn mein Name und meine Telefonnummer darauf stehen. Servietten passen nicht besonders gut in den Visitenkartenordner. Die Entschuldigung: »Ich habe gerade meine letzte Karte hergegeben«, ist recht fragwürdig und deutet auf eine schlechte Planung hin. Niemand läßt sich von der Tatsache beeindrucken, daß wir auf unserem Weg vom Krabbensalat hinunter zur Käseplatte eine Menge wichtiger Leute getroffen haben.

– Verlassen Sie das Haus nie ohne Ihre Visitenkarten! Man weiß nie, wen man unterwegs treffen könnte. Sogar in den Taschen meines Jogginganzugs stecken einige meiner Karten.
– Drücken Sie nicht allen einen Prospekt oder eine Broschüre in die Hand. Prospekte sind teuer. Sie sind nur für Leute gedacht, die ernsthaft eine Geschäftsbeziehung mit Ihnen aufnehmen möchten. Es ist außerdem lästig, sie stets mit sich herumzutragen. Bei einem Empfang weiß man nicht, wo man sie hinlegen soll, und niemand möchte aussehen wie ein Packesel. Prospekte sind meist bei einem zweiten Kontakt dienlicher. Geben Sie also nicht gleich zu Beginn alle Ihre Möglichkeiten aus der Hand!
– Wenn Sie jemandem Ihre Karte geben möchten, ohne daß dieser darum gebeten hat, dann drehen Sie den Spieß erst einmal um. Bitten Sie ihn um seine: »Dürfte ich Ihre Karte haben?« Die meisten Leute werden darauf entsprechend reagieren, besonders wenn Sie bereits Ihre eigene Karte abwartend in der Hand halten.
– Vermeiden Sie »unappetitliche« Situationen. Greifen Sie nicht mit der einen Hand nach den Schinkenhörnchen, während Sie in der anderen Hand Ihre Karte halten. Niemand möchte eine Karte mit nach Hause nehmen, die mit Fettflecken garniert ist.

– Geben Sie nicht wahllos jedem Ihre Karte, Ihre Sicherheit und Ihr Seelenfrieden könnten sonst in Gefahr geraten. Hören Sie auf Ihre innere Stimme. Der Austausch von Karten sollte nach einem Gespräch erfolgen, in dem sich herausstellt, daß man in irgendeiner Beziehung zueinander steht. Geben Sie sie nicht Leuten, mit denen Sie so gut wie nichts gemeinsam haben – möchten Sie wirklich von diesen Menschen angerufen werden? Schützen Sie sich also auf eine höfliche Weise selbst.

Warum nicht folgende japanische Sitte übernehmen: Wenn Ihnen eine Karte gegeben wird, honorieren Sie dies, indem Sie die Karte und die Person anschauen. Vielleicht können Sie auch eine Bemerkung über die Visitenkarte machen. Dies hilft Ihnen, sich an den betreffenden Menschen zu erinnern.

Falls Ihre Firma Ihnen keine Geschäftskarten zur Verfügung stellt, lassen Sie sich selbst welche drucken. Mit einer Karte bleiben Sie den anderen besser in Erinnerung.

Schritt Nr. 5
Überlegen Sie sich einige Themen, über die Sie plaudern könnten

Vielleicht finden Sie die Vorstellung, sich im voraus ein Konversationsthema zurechtzulegen, absurd. Möglicherweise halten Sie grundsätzlich nichts von der Kunst des Smalltalk. Dem möchte ich entgegenhalten: Wie beginnen Sie denn ein Gespräch mit einem Fremden? Mit den Kriegen, den Hungersnöten oder den Naturkatastrophen dieser Welt? Wohl kaum.

Oft gibt es bei geschäftlichen oder gesellschaftlichen Anlässen niemanden, der Sie den anderen vorstellt und hilft, ein Gespräch in Gang zu bringen. Wenn Sie dann versiert Konversation machen können, brauchen Sie sich nicht mit der Frage »Was soll ich als nächstes sagen?« herumzuquälen. Beim Smalltalk erfahren Sie etwas vom anderen. Wenn Sie darauf reagieren, ist meist ein Gespräch in Gang gebracht. Smalltalk ist sehr sinnvoll; er ist eine Möglichkeit, gemeinsame Interessengebiete herauszufinden – und manchmal kann er sogar zu wichtigen Geschäften führen.

Schweigen ist nicht Gold

Natürlich ist es ein Zeichen für schlechtes Benehmen, das Gespräch vollkommen an sich zu reißen – ebenso störend ist allerdings, nicht genug dazu beizutragen.

Michael Korda, Neffe des britischen Film-Magnaten Sir Alexander Korda, nennt eine der Grundregeln für den Smalltalk: Man sollte niemals todernst und verbissen an ein Thema herangehen. In der Zeitschrift *Signature* schrieb Korda in einem Artikel: »Ein Langweiler ist jemand, der die Kunst des Smalltalk nicht beherrscht ... Schweigen ist nicht Gold – es ist die eiserne Zange, die jedes Gespräch abwürgt.«

In diesem Artikel erörtert Korda den Unterschied zwischen Smalltalk und einem ernsthaften Gespräch. »Ernste Gespräche sind notwendig: in geschäftlichen Verhandlungen, in der Medizin, dort, wo es um Geld geht, um die Gesundheit, das Leben, das Gesetz ... Smalltalk dagegen sollte vor allem erfreuen, amüsieren, neugierig machen und die Zeit angenehm füllen. Das einmal vorausgesetzt, kann man alles thematisieren, von Hundeflocken bis zum neuesten Feinschmeckerrestaurant. Sinn des Smalltalk ist es, sich beim Plaudern über Nebensächlichkeiten besser kennenzulernen – und nicht, jemanden zu belehren, zu bekehren oder zu beeindrucken. Es ist ein Spiel, ähnlich wie

Tennis, bei dem es darum geht, den Ball so wenig wie möglich ins Aus gehen zu lassen.«

Sie werden einen Raum mit viel mehr Selbstsicherheit betreten, wenn Sie sich von vornherein zumindest drei leichte Konversationsthemen überlegt haben, über die Sie sich mit jedem unterhalten können, den Sie dort treffen. Ein lockerer Gedankenaustausch bewirkt, daß sich jeder erst einmal entspannt, bevor man, wenn es sein muß, zu den ernsteren Themen übergeht.

Smalltalk kann man sehr gut mit einer Feststellung, einer Frage oder auch einer interessanten Bemerkung über sich selbst einleiten. Als Thema eignet sich etwa der Anlaß, weshalb Sie hier sind, der Erfolg oder Mißerfolg der hiesigen Fußballmannschaft oder auch das Wetter. Irgend etwas haben Sie sicher mit den anderen Teilnehmern gemeinsam, allein schon, weil Sie zu dieser bestimmten Veranstaltung gekommen sind. Strittige Themen wie Politik oder Religion sollten Sie aussparen, aber mit ein wenig Nachdenken werden Sie bestimmt verschiedene Gebiete gemeinsamen Interesses finden.

Ein guter Gesprächspartner ist immer auch ein guter Zuhörer. Wenn der andere von sich selbst erzählt, spitzen Sie beide Ohren. Gespräche sind dann am besten, wenn die Gesprächspartner versuchen, gemeinsame Themen zu finden, und ehrlich aneinander interessiert sind.

Tiefschürfende Diskussionen sind sicher ein Genuß, wenn man mit guten Freunden zusammensitzt. Smalltalk dagegen dient vor allem dazu, erst einmal das Eis zu brechen und eine Freundschaft anzubahnen.

Mehr zu diesem Thema in Kapitel 9 über das Einleiten, Fortführen und Beenden von Gesprächen.

Schritt Nr. 6
Augenkontakt halten und lächeln

»Schön, Sie kennenzulernen« wirkt nur glaubhaft, wenn es von einem warmen, ehrlichen Lächeln begleitet wird. Die Worte klingen dagegen eher hohl, wenn man sein Gegenüber dabei gelangweilt oder gar frostig anblickt.

Augenkontakt und aufrichtiges Interesse sind das Entscheidende beim Erstellen eines Kontaktes. Ein Kollege und seine Frau besuchten einmal eine Geburtstagsparty. Wie er mir später erzählte, habe das Geburtstagskind, ein Bankangestellter aus dem mittleren Management, ihm beim Händedruck überhaupt nicht in die Augen gesehen. »Ich merkte ihm an«, so erzählte mein Kollege, »daß er nach jemand Wichtigerem Ausschau hielt, mit dem er sich unterhalten konnte. Ich fühlte mich mißachtet. Woher wollte er wissen, daß ich nicht auch wichtig war – oder es eines Tages werden würde?«

Erinnern Sie sich? Ein suchender, unruhiger Blick ist eines der Kennzeichen von Herrn Unsympathisch.

Eine Warnung muß ich allerdings aussprechen: Augenkontakt bedeutet nicht, daß man den anderen anstarren soll – das kann ebenfalls unhöflich sein und wird die Kommunikation kaum verbessern oder eine freundschaftliche Atmosphäre schaffen. Am besten richten wir den Blick abwechselnd auf das Gegenüber und dann wieder auf etwas anderes. So signalisieren wir, daß wir an unserem Gesprächspartner interessiert sind, andererseits aber auch nichts dagegen haben, wenn sich andere zu uns gesellen möchten.

Je nach Kultur wird der Gesprächspartner unterschiedlich lang angeschaut: In der westlichen Welt sieht man nach ungefähr sieben Sekunden für einige wenige Augenblicke wieder weg. Wenn diese Norm überschritten wird, könnte das »Anschauen«

als »Anstarren« aufgefaßt werden und das »Wegblicken« den Eindruck erwecken, man hielte nach etwas Besserem Ausschau.

Schritt Nr. 7
Üben Sie das Händeschütteln

Im Geschäftsleben ist der Händedruck die übliche Form der Begrüßung. Ebenso gehört er dazu, wenn man sich auf etwas geeinigt hat und wenn man freundschaftlich auseinandergeht. Dieser Händedruck sollte nicht zu schlaff, aber auch nicht zu kraftvoll sein (denken Sie an Arthritis und das immer häufiger auftretende Carpal-Tunnel-Syndrom, ein Belastungsschaden der Hand). Welche Art des Händeschüttelns vermieden werden sollte:

1. Die Qualle. Eine schlaffe Hand wird Ihnen entgegengestreckt. Sie ergreifen sie und – o Schreck, sie verwandelt sich in eine gallertartige Masse. Möchten Sie mit diesem Menschen wirklich geschäftliche Kontakte pflegen? Jemand mit einem Quallen-Händedruck weckt die unangenehme Vorstellung, kein Rückgrat zu haben!
2. Der Knochenbrecher. Ihre Hand verschwindet in einem Schraubstock und wird deformiert wieder daraus entlassen. Diese Art der Kraftprotzerei sollte man besser den Mafiabossen überlassen. In den letzten Jahren sind auch einige Frauen dazu übergegangen, den Knochenbrecher-Händedruck anzuwenden – vielleicht um zu zeigen, daß man mit ihnen kein leichtes Spiel haben wird. Kürzlich lernte ich eine junge, zierliche Anwältin kennen, die meine Hand so kraftvoll drückte, daß ich das Gefühl hatte, nur noch einen Klumpen Fleisch zurückzubekommen; bei einem Seminar in Toronto erwiderte ein baumlanger Kerl meinen Händedruck

mit solcher Wucht, daß ich vor Schmerz laut aufschrie. Wollte er mir damit seine Kraft oder seine Macht beweisen? Eines hat er mir damit auf jeden Fall gezeigt – daß er keine Ahnung vom richtigen Händeschütteln hatte.

3. Der Fingerquetscher. Dieser Mensch ergreift nicht Ihre Hand; er nimmt nur Ihre Finger. Wenn die Finger nur leicht berührt werden, wirkt diese Geste geziert oder deutet an, daß die entsprechende Person Berührungsängste hat. Bei einem festen Zugriff kann der Fingerquetscher zu einem Ringquetscher werden: Die Abdrücke Ihres Ringes sind an mindestens zwei weiteren Fingern deutlich erkennbar, und Sie überlegen sich, ob Sie den Empfang verlassen sollten, um eine Röntgenaufnahme machen zu lassen.
4. Der verdeckte Händedruck. Bei dieser Form legt einer der beiden Partner seine linke Hand über die im Händedruck vereinten Hände. Bei Menschen, die Berührungen mögen, wird diese Geste vielleicht als Ausdruck besonderer Herzlichkeit und Wärme gedeutet. Andere wiederum empfinden sie eher als gönnerhaft oder aufdringlich. Es mag Situationen geben, in denen ein verdeckter Händedruck vollkommen angemessen und passend ist. Achten Sie darauf, wie die anderen reagieren, und verlassen Sie sich auf Ihr Gefühl. Es sagt Ihnen, was richtig ist. Andererseits sollten wir aber auch nicht übermäßig analytisch sein. Vor einigen Jahren arbeitete ich mit einem Kollegen am gleichen Projekt. Er wies mich darauf hin, daß ich beim Reden die anderen immer wieder berühre, und meinte, dies wäre »ein schematisch organisiertes Machtspiel«. »Wie interessant«, antwortete ich, »ich habe bis jetzt immer gedacht, dies sei eine Marotte, die in unserer Familie von Generation zu Generation weitergegeben wird.« Weil man die Gedanken der anderen nicht immer lesen kann und nicht weiß, wie sie auf einen verdeckten Händedruck rea-

gieren, ist es das beste, kein Risiko einzugehen und die linke Hand beim Händedruck aus dem Spiel zu lassen.

Es ist Sache der Frau, ihre Hand als erste auszustrecken – ob sie nun einem Mann begegnet oder einer anderen Frau. Männer sollten abwarten und beobachten, ob die Frau an einem Händeschütteln interessiert ist.

Ein heikles Thema

In einigen Branchen ist das Küssen zur Begrüßung weit verbreitet. So gehört in der Unterhaltungsindustrie, in der Werbung und der Gastronomie ein »Küßchen in Ehren« zum gängigen Ritual. Im sonstigen Geschäftsleben ist der Austausch von kleinen »Luftküssen« links und rechts auf die Wange seltener zu beobachten. Heute, wo Beschwerden über sexuelle Belästigung und deren gerichtliche Verfolgung keinen Seltenheitswert mehr haben, rate ich zur Zurückhaltung. Deshalb: niemals im Büro und niemals auf den Mund. Wenn Sie meinen, daß es dem Partner unangenehm sein könnte, oder wenn Sie den Büroklatsch fürchten, lassen Sie es bei einem Händeschütteln bewenden.

Wenn Sie das Küssen vermeiden wollen, weil es Ihnen unangenehm ist, dann bleiben Sie etwa um Armeslänge vor Ihrem entsprechenden Geschäftspartner stehen. Strecken Sie die Hand aus, lächeln Sie, und winkeln Sie den Ellenbogen an. Das hält die anderen auf Distanz und gibt ihnen dennoch das Gefühl, willkommen zu sein.

Ein noch so strahlendes Äußeres und gewinnendes Auftreten kann durch Körper- oder Mundgeruch zunichte gemacht werden. Achten Sie auf peinlichste Körperpflege, und vermeiden Sie es, vor Besprechungen, Vorstellungsgesprächen, Parties usw.

Zwiebeln oder Knoblauch zu essen. Haben Sie für alle Fälle immer ein paar Pfefferminzbonbons in der Tasche.

Und noch ein guter Rat: Achten Sie auf das Verhalten der anderen, ihren Gesichtsausdruck, ihre Gesten und ihre Körpersprache. Zu diesem Thema gibt es auch jede Menge nützliches Informationsmaterial, sowohl in Form von Büchern als auch im Internet.

Zusammenfassung

Achten Sie darauf, immer gut vorbereitet zu sein. Erinnern Sie sich an die sieben Schritte, die zu einer guten Planung gehören:

1. Gehen Sie alles mit einer positiven Einstellung an
2. Konzentrieren Sie sich auf die positiven Aspekte des Ereignisses
3. Planen Sie, wie Sie sich selbst vorstellen wollen
4. Überprüfen Sie Ihre Geschäfts- oder Visitenkarten
5. Überlegen Sie sich einige Themen, über die Sie plaudern könnten
6. Halten Sie Augenkontakt, und lächeln Sie
7. Üben Sie das Händeschütteln

Ratschläge:
- Verzichten Sie im Berufsleben auf das Küssen
- Achten Sie auf die Körpersprache
- Vermeiden Sie Knoblauch und Zwiebeln
- Amüsieren Sie sich, dann geht das meiste wie von selbst

8 Sieben Strategien: Vom schnellen Start bis zum sanften Stop

Sie haben alle Vorbereitungen getroffen – aber was ist, wenn Ihr innerer Motor beim bloßen Gedanken, daß Sie durch die Tür hindurchgehen müssen, einfach nicht anspringt?

Die folgenden sieben Strategien helfen Ihnen, den Motor in Gang zu bringen und das Ereignis glatt bis zum Ende durchzustehen.

Strategie Nr. 1
Der erste Auftritt – Grandios oder auch anders

Wann sollten Sie eintreffen? Ganz einfach pünktlich. Die Ankunftszeit ist nicht dazu da, daß man sich durch Zuspätkommen einen besonders auffälligen Auftritt verschafft. Eine »interessante Verspätung« zu einer Konferenz gibt es nicht. Halten Sie sich besser an einen Trick schüchterner Menschen: Sie sind darauf bedacht, pünktlich oder eher etwas zu früh zu erscheinen, weil ihnen so erspart bleibt, einen Raum voller Menschen betreten zu müssen.

Wenn Sie angekommen sind, atmen Sie tief durch, richten sich gerade auf und gehen in den Raum hinein. Wenn Sie nämlich im Türrahmen stehen bleiben, könnte folgendes geschehen: Sie versperren bei einer Feuersbrunst den Fluchtweg, schaffen ein Verkehrsproblem oder erwecken den Eindruck, daß Sie zu schüchtern oder aber zu blasiert sind, um sich unter die Anwesenden zu mischen.

Vielleicht gibt es jemanden, der Sie offiziell begrüßt – vielleicht auch nicht. Stellen Sie sich lieber darauf ein, daß niemand zur Begrüßung auf Sie zukommt, und genießen Sie die angenehme Überraschung, wenn es anders ist.

Sie können sich auch freiwillig als Mitglied des Empfangskomitees zur Verfügung stellen. Auf diese Weise werden Sie auf jeden Fall alle Teilnehmer kennenlernen, denn das ist ja Ihre Aufgabe. Wenn Sie schüchtern sind, wissen Sie zumindest als Mitglied des Begrüßungskomitees, was Sie sagen sollen.

Lassen Sie Ihre Blicke kurz durch den Raum schweifen. Wo ist die Bar? Wo gibt es etwas zu essen und zu trinken? Wo trifft man sich? Welches ist der beste Platz, um möglichst viele Leute kennenzulernen?

Ein Vortragsreisender und Seminarleiter, der vor Tausenden von Menschen Reden hält, sagte mir einmal, es falle ihm schwer, bei Cocktailparties mit den einzelnen Menschen Konversation zu treiben. Die Lösung, die er für sich persönlich gefunden habe, bestehe darin, sich irgendwo zwischen dem Eingang und dem Buffet hinzustellen, so daß jeder, der sich etwas zu essen holen wolle, an ihm vorbeigehen müsse. Auf diese Weise sei er immer von Menschen umringt – auch wenn der Grund, der sie in seine Nähe treibt, lediglich der Hunger ist!

Wenn Sie eingetreten sind, sehen Sie sich erst einmal nach vertrauten Gesichtern um. Kommt Ihnen jemand bekannt vor, gehen Sie auf ihn zu, und begrüßen Sie ihn. Sie werden schnell herausfinden, ob Ihre Vermutung zutrifft oder nicht. Es hat keinen Sinn, sich vorher zu überlegen: »Was passiert, wenn ich mich täusche …?« Das einzige, was Ihnen passieren kann, ist, daß Sie Ihre Bekanntschaft auffrischen oder einen neuen Menschen kennenlernen, sich eine Weile mit ihm unterhalten und sich dann jemand anderem zuwenden.

Strategie Nr. 2
Nehmen Sie einen Freund oder eine Freundin mit

Wird Ihnen bei der Vorstellung, einen Raum voller fremder Menschen zu betreten, abwechselnd heiß und kalt? Dann nehmen Sie doch einen Freund oder eine Freundin mit! Oder sprechen Sie sich mit jemandem ab, der auch zu diesem Anlaß eingeladen ist, und gehen Sie zusammen hin. Beschränken Sie sich nicht nur darauf, gemeinsam den Raum zu betreten, profitieren Sie auch sonst gegenseitig von der Anwesenheit Ihrer Begleitung. Dazu gilt es jedoch, sich ein paar gute Strategien zu überlegen.

Die Steh-mir-bei-Strategien

- Mit jemanden zu einer Veranstaltung zu gehen, birgt den großen Vorteil, daß Sie sich gegenseitig bei der Vorstellung helfen können. Sie kennen vielleicht Leute, die Ihr Freund oder Ihre Freundin nicht kennt – und umgekehrt. Selbst wenn Sie beide niemanden kennen, werden Sie bei diesem Anlaß Bekanntschaften machen und können sich dann wieder gegenseitig vorstellen. Besinnen Sie sich noch einmal auf Ihr taktisches Geschick bei der Vorstellung, und stellen Sie Ihre Begleitung als einen angenehmen, interessanten Menschen vor, der mit den anderen Teilnehmern etwas gemeinsam hat. Dies bedeutet, den jeweiligen Gesprächspartnern gut zuzuhören, um so herauszufinden, welche Interessen sie haben.

Geben Sie den Leuten einige positive Informationen über Ihren Freund oder Ihre Freundin, die als Anknüpfungspunkt für ein Gespräch dienen können. Dasselbe gilt für Ihre Begleitperson. Eine Freundin und ich tun dies bei vielen Gelegenheiten. Es ist beinahe, als ob wir unsere eigene PR-Assistentin mitgebracht hätten. Wir sagen lobenswerte Dinge über die andere, die wir über uns selbst nie sagen würden. Glauben Sie mir, das bringt das Gespräch in Gang!

- Sie und Ihre Begleitung sollten sich so bald wie möglich trennen. Wenn Sie als Siamesische Zwillinge auftreten, sind Ihre Möglichkeiten, Kontakte zu knüpfen und neue Leute kennenzulernen, eingeschränkt (wenn zwei zusammenstehen, kommt sich ein Dritter möglicherweise als Eindringling vor). Auch Ehepaaren möchte ich den Rat geben: Mischen Sie sich getrennt unter die Leute, und treffen Sie sich erst später wieder.
- Einigen Sie sich auf ein »SOS-Signal«, wenn Sie und Ihr Freund oder Ihre Freundin sich besser wieder zusammenfinden und eine neue Strategie entwickeln sollten. Aufgabe von Freunden ist es auch, sich gegenseitig von zu vereinnahmenden Gesprächspartnern zu befreien.

Strategie Nr. 3
Halten Sie nach jemandem Ausschau, der sich an seinem Glas festklammert

Sie sind also angekommen. Nachdem Sie mit einigen Leuten ein paar Worte gewechselt haben, meinen Sie und Ihre Begleitperson, daß es Zeit sei, sich zu trennen. Wohin wenden Sie sich? Mit wem beginnen Sie ein Gespräch? Sie kennen keine Menschenseele und fühlen sich unbehaglich, wenn Sie so allein herumstehen. Natürlich ist in diesem Augenblick die Versuchung groß, sich einen sicheren Winkel zu suchen und zu hoffen, nicht weiter aufzufallen.

Ein Gespräch in Gang zu bringen kann eine Herausforderung sein. Denken Sie an die inneren Blockierungen: die Warnung Ihrer Mutter, nicht mit Fremden zu reden, die Angst vor Zurückweisung oder die Überzeugung, nicht ausreichend interessant, geistreich oder attraktiv zu sein. Aber gegen diese Blockaden wissen Sie sich inzwischen zu helfen, und Sie nehmen doch an diesem Empfang teil, weil Sie neue Kontakte knüpfen möchten – da können Sie es sich nicht leisten, Mauerblümchen zu spielen! Es ist Zeit, daß Sie Ihren Mut zusammennehmen und aktiv werden.

In einer solchen Situation halte ich nach einem Menschen Ausschau, der allein in der Gegend herumsteht und sein Glas Wein, Sekt oder Orangensaft so fest umklammert hält, daß die Fingerknöchel weiß durchschimmern. Er fühlt sich noch unbehaglicher als Sie und ist sicher dankbar, wenn Sie auf ihn zugehen und ihn ansprechen. Sie vollbringen damit eine gute Tat und verhindern zugleich, daß Sie selbst zum Mauerblümchen werden. Nutzen Sie also die gute Gelegenheit, lächeln Sie ihn an, und sagen Sie »hallo«. Sie erlösen ihn so aus seiner Anonymität, und vielleicht diskutieren Sie schon bald so angeregt, daß sich auch andere zu Ihrer kleinen Gruppe hinzugezogen fühlen.

Denken Sie daran: Wenn Sie sich mehr um das Wohlbefinden anderer als um Ihr eigenes kümmern, tun Sie Gutes – und gewinnen selbst an Sicherheit.

Strategie Nr. 4
Namensschilder helfen weiter

Auch wenn manche Menschen Namensschilder nicht besonders mögen, sind sie bei geschäftlichen und gesellschaftlichen Anlässen doch sehr nützlich. Dies sind einige ihrer Vorteile:

- Sie können jemanden mit seinem Namen anreden, was immer geschätzt wird.
- Namensschilder geben Ihnen oft Informationen (Firma, Berufsbezeichnung, Standort, besondere Funktion etc.), die Sie nutzen können, um ein Gespräch zu beginnen.
- Wenn Ihnen jemand bekannt vorkommt, Sie aber nicht sicher sind, ob dies wirklich die Person ist, für die Sie sie halten, dann hilft ein verstohlener Blick aufs Namensschild.

Auf vielen Messen, Empfängen und zu bestimmten anderen Anlässen werden Namensschilder verteilt. Der Name sollte ausreichend groß und deutlich geschrieben sein, so daß er selbst aus einem Abstand von zwei Metern noch lesbar ist. Häufig ist der Firmenname ein wenig kleiner gedruckt, und Sie müssen näher treten, um ihn erkennen zu können.

Auch andere Organisationen aller Arten benutzen Namensschilder, um das Kennenlernen zu erleichtern. Manchmal zeigt die Farbe des Namensschildes an, ob es sich um Mitglieder, Neumitglieder oder Gäste handelt. Es ist ein ungeschriebenes Gesetz, daß Mitglieder Gäste und Neue umsorgen und ihnen das Gefühl geben, willkommen zu sein. Ernennen Sie sich bei bestimmten Anlässen einfach einmal selbst zu einem nichtoffiziellen Mitglied und kümmern Sie sich um Gäste und neue Mitglieder.

Wie Sie Ihr eigenes Namensschild am besten nutzen

Wenn Sie gebeten werden, Ihr eigenes Namensschild zu beschriften, dann machen Sie sich doch einmal »richtig interessant«. Nehmen Sie sich die Freiheit, Ihre Position oder den Bereich, in dem Sie sich spezialisiert haben, auf eine ungewöhnliche Art darzustellen. Ein wenig Werbung in eigener Sache kann ja nicht schaden! Ein Finanzberater erzählte mir, daß von dem Wort »Finanzplanung« auf seinem Namensschild niemand besonders fasziniert gewesen sei. Als er aber auf die Idee gekommen sei, das Wort »Geld« unter seinen Namen zu setzen, habe er sich plötzlich vor Interesse an seiner Person kaum mehr retten können …

Humor kommt meistens an! Auf einem Geschäftstreffen der Handelskammer hatte ein Mitglied ein Namensschild angesteckt, das mir sofort ins Auge stach und mich zum Lachen reizte. Bei »Name« hatte er »N. S. Schild« geschrieben. Ein etwas ungewöhnlicher Scherz, aber wir kamen dadurch leicht und schnell ins Gespräch.

Wenn Sie eine Veranstaltung planen und dabei vom Computer ausgedruckte Namensschilder verwenden, achten Sie darauf, daß die Namen deutlich lesbar sind und keine Tippfehler enthalten. Übrigens erlaubt uns heutzutage die moderne Technik, Namensschilder direkt in unseren Organizer oder unsere Datenbank einzuspeichern.

Wo das Namensschild sitzen soll

Befestigen Sie das Namensschild immer auf Ihrer rechten Seite. Wenn Sie Ihrem Gegenüber die Hand geben, richtet sich Ihr Blick nämlich auf seine rechte Seite. Bei einem Schild, das auf der linken Seite angebracht ist, muß Ihr Blick abschweifen – und dies fällt auf! Achten Sie zudem darauf, daß das Schildchen gut sichtbar ist.

Guten Tag, Frau … ääh?

Wir alle vergessen ab und zu Namen, selbst von Menschen, die uns wichtig sind. Wer häufig an Parties, Tagungen, Empfängen oder Wohltätigkeitsveranstaltungen mit unzähligen Leuten teilnimmt, leidet oftmals unter einer Überanstrengung seines Namensgedächtnisses. Gehen Sie dann nicht allzu hart mit sich ins Gericht. Bei einem Seminar in El Paso tröstete mich einmal ein Mann: »Ich denke, wir erwarten zuviel von uns. Jede Woche treffen wir Hunderte von neuen Menschen. Unsere Eltern sahen vielleicht nur zehn neue Gesichter pro Woche und unsere Großeltern vielleicht nur eines! Wieso erwarten wir von uns, daß wir uns an so viele Namen erinnern?«

Wenn Ihnen ein Name nicht einfällt, dann geben Sie es – humorvoll – zu. Sagen Sie immer deutlich, wie Sie heißen, wenn Sie jemanden begrüßen (vielleicht hat dieser Ihren Namen ja ebenfalls vergessen). Meist wird er dann auch seinen Namen nennen, so daß der peinliche Moment erst gar nicht aufkommt. Kein vernünftiger Mensch hat ein Interesse daran, unser Namensgedächtnis zu testen!

Übrigens sollten Sie es unbedingt vermeiden, Ihr Gegenüber zu fragen: »Erinnern Sie sich an mich?« Das kann ihn in Verlegenheit bringen und zu einer unangenehmen Situation führen.

Strategie Nr. 5
Gute Einleitungssätze

Es soll Leute geben, die so lange nach einem guten Einleitungssatz suchen, bis die Party vorüber ist. Nur allzu häufig verpassen wir eine gute Gelegenheit, jemanden kennenzulernen, weil uns nichts Passendes eingefallen ist.

Dabei gibt es mindestens eine Million Sätze, mit denen Sie ein Gespräch einleiten können! Was Sie sagen, hängt immer davon ab, wer Sie sind, mit wem Sie sich unterhalten wollen, wie die Umstände sind, welche Reaktionen Sie sich erhoffen und was Ihnen spontan einfällt. Es ist viel besser, irgend etwas zu sagen, als auf den perfekten Einfall zu warten. Selbst wenn Ihnen nichts Weltbewegendes in den Sinn kommt: Lassen Sie die Gesprächschance nicht ungenutzt verstreichen! Was Partylöwen schon immer wußten, ist nun durch Studien erhärtet worden: Die besten Gesprächsanfänge sind oft ein Lächeln und ein freundliches »Hallo« oder »Guten Tag«.

Ein Gespräch in Gang bringen kann auch die Frage: »Sind Sie ebenfalls allein hierher gekommen?« Gemeinsame Erfahrungen lösen oft die Zunge, weshalb sich folgende Bereiche als Anknüpfungspunkte für ein Gespräch anbieten:

- der Veranstaltungsort
- der Grund, warum Sie hier sind
- die Organisation
- das Essen
- die Institution, welcher der Erlös des Festes zufließen soll
- der Ehrengast

Aber was genau sollen Sie denn nun sagen? Folgende drei Möglichkeiten sind zu empfehlen:

1. Die Feststellung

Blicken Sie sich einmal in dem Raum um, in dem Sie sich befinden. Beobachten Sie die Situation. Was geschieht gerade? Scheinen sich die Menschen gut zu unterhalten und Spaß zu haben? Ob sie sich vorher wohl auch durch den dichten Verkehr quälen mußten und Mühe hatten, einen Parkplatz zu finden? Was haben die Teilnehmer dieser Veranstaltung gemeinsam?

Bemerkungen zu einem dieser Punkte können ein Gespräch in Gang bringen. Etwas Humorvolles oder Unerwartetes zu sagen wäre natürlich noch besser.

Negative Kommentare sollten Sie möglichst unterlassen. Sie möchten doch nicht den Eindruck erwecken, zu den ewigen Nörglern zu gehören. Deshalb vermeiden Sie Feststellungen wie:

- »Das Essen sieht nicht gerade appetitlich aus.«
- »Das Hotel ist in einem übleren Zustand, als ich erwartet hatte.«

Suchen Sie vielmehr nach amüsanten, ungewöhnlichen Beobachtungen, die das Interesse der anderen wecken.

2. Die Frage

Stellen Sie eine Frage, die sich auf den Anlaß bezieht. Finden Sie bereits vorher einige Fakten über den Anlaß heraus und die Personen, die daran teilnehmen werden. Selbst wenn Sie über den Organisator nicht viel wissen, können Sie doch folgende Fragen stellen:

- Sind Sie Mitglied dieser Vereinigung?

- Kann ich auch beitreten?
- Woher kennen Sie die Braut (den Ehrengast, den Bräutigam, das Geburtstagskind, das Silberhochzeitspaar, diesen Politiker etc.)?

Fragen sollten zu einer detaillierten Antwort animieren, jedoch nicht indiskret sein. Hier einige Musterfragen für verschiedene Anlässe:

Wahlveranstaltung für einen bestimmten Politiker
- »Wieso unterstützen Sie diesen Kandidaten?«
- »Welche Aufgabe haben Sie im Wahlkampf übernommen?«

Wohltätigkeitsveranstaltung
- »Warum engagieren Sie sich gerade für die Krebshilfe (Multiple-Sklerose-Gesellschaft etc.)?«

Bankett Ihres Berufsverbandes
- »Sind Sie auch Mitglied des Verbandes?«
- »Haben Sie eine bestimmte Aufgabe in diesem Verband?«

Hochzeit der Nachbarstochter
- »Kennen Sie die Braut oder den Bräutigam?«
- »Wo haben Sie ihn/sie kennengelernt?«

Begegnung beim Joggen
- »Laufen Sie diese Strecke oft?«
- »Wie gefällt Ihnen diese Route im Vergleich zu anderen, die Sie gelaufen sind?«

Manchmal erhalten wir den Rat, eine Menge guter, kluger, weiterführender Fragen zu stellen und allein der anderen Person das

Wort zu überlassen. Das ist nicht richtig, denn es ergibt sich kein Gedankenaustausch, wenn Sie nur Fragen stellen und nichts von sich, ihren Ansichten und Vorlieben preisgeben. Ein solches Gespräch gleicht eher einem Verhör. Manche Menschen stellen auch ununterbrochen Fragen, weil sie Angst davor haben, selbst in die Mangel genommen zu werden. Sie können noch so charmant und interessiert Fragen stellen, irgendwann müssen Sie auch etwas anderes zum Gespräch beitragen.

3. Die Aussage über sich selbst

Wenn Sie etwas über sich selbst erzählen, so zeugt dies von Offenheit. Sie sollten jedoch darauf achten, nichts allzu Persönliches preiszugeben, das dem Gesprächspartner unangenehm sein oder ihn belasten könnte.

Gute Gesprächseröffnungen
- »Ich kann es kaum fassen – ich habe fünfundvierzig Minuten gebraucht, um hierherzukommen, obwohl ich nur vier Kilometer zu fahren hatte!«
- »Nie kann ich Tomatensoße essen, ohne mir die Krawatte zu bekleckern. Na ja, wenigstens paßt das Rot nicht schlecht zum übrigen Muster.«
- »Das Buffet sieht wirklich lecker aus. Ich bin froh, daß ich keine Zeit hatte, zu Mittag zu essen.«

Die meisten machen am liebsten Geschäfte mit Menschen, die sie kennen, mögen und denen sie vertrauen. Wenn wir etwas von uns preisgeben (bis zu einem gewissen Grad, versteht sich), schaffen wir eine angenehme Atmosphäre, und die andern fühlen sich in unserer Gegenwart wohler.

Solche persönlichen Mitteilungen, die Sie über sich selbst machen, sollten im allgemeinen positiv sein. Vor einiger Zeit war ich zum Geschäftsessen einer Berufsorganisation eingeladen und begrüßte einen Kollegen. Als ich ihn fragte, wie es ihm gehe, erwähnte er seine Scheidung und ließ sich dann über sein desolates Liebes- und Sexualleben aus. Mir wurde klar, daß er das dringende Bedürfnis hatte, mit jemandem zu reden, aber dieser Anlaß war weder der richtige Zeitpunkt noch der richtige Ort … und ich war nicht die richtige Ansprechpartnerin für ihn.

Eine Vermögensberaterin verriet mir einmal das Geheimnis ihres Erfolges: »Ich versuche zunächst, meine Kunden und ihre Lebensumstände kennenzulernen, um ihnen dann Anlagemöglichkeiten vorschlagen zu können, die ihren Bedürfnissen und ihrem Lebensstil entsprechen. Doch noch wichtiger ist: Ich erlaube auch ihnen, mich kennenzulernen. Deshalb antworten sie immer auf meine Telefonanrufe, weil sie von einer vertrauten Person und nicht von einer Institution kommen.«

Alles hat jedoch seine Grenzen. Wenn Sie zuviel von sich preisgeben, könnte dies Kunden, Klienten, ja sogar Freunde belasten.

Ein wahrhaft köstliches Gesprächsthema ist meist das Essen. Schon unsere Großmütter wußten das – und brachten riesige Mengen davon auf den Tisch. Es ist kein Zufall, daß Konferenzen, alle Arten von Einladungen und Familientreffen häufig um einen gedeckten Tisch herum stattfinden. Eine gemeinsame Mahlzeit ist nicht nur Nahrung für den Körper, sondern auch für die Seele – und oft auch die Geschäftsbeziehung.

Der Flirt

Da wir gerade das Thema der Anknüpfungspunkte behandeln … Wie steht es mit einem kleinen Flirt? Was ist mit den Worten, der Körpersprache, dem Gesichtsausdruck und den Blicken, die bewirken, daß wir uns näherkommen? Für manche Menschen bedeutet ein Flirt nicht viel mehr als ein neckischer Gedankenaustausch, ähnlich dem Smalltalk. Ein gutmütiges, freundliches Necken kann Spaß machen – auch im Büro.

Für andere ist Flirten jedoch der »Auftakt zu mehr«. Alles hängt natürlich von den flirtenden Personen ab und davon, was wirklich gesagt und getan wird. Bei einer Single-Party ist Flirten angebracht, ja sogar notwendig. Auf diese Weise signalisieren wir unser Interesse am anderen. Beim Flirt im Büro ist aber Vorsicht geboten. Was der eine für Smalltalk hält, ist für den anderen vielleicht die Aufforderung zu einem intimen Abenteuer. Fragen Sie sich, ob Sie diesen Geschäftsabschluß oder jene Beförderung erreichen wollen, weil jemand Sie als Partnerin im Berufsleben schätzt oder weil er ein Abenteuer mit Ihnen im Sinn hat. Eine Regel lautet daher: Im Büro keine Zweideutigkeiten, keine schlüpfrigen Bemerkungen und keine Berührungen, die über das Händeschütteln hinausgehen.

Strategie Nr. 6
Sich in ein Gespräch einschalten, nicht wie eine Bombe einschlagen

Es ist ein Unterschied, ob Sie sich in die Gespräche anderer vorsichtig einbeziehen oder ob Sie sich aufdrängen. Sich in ein Gespräch einbringen, das bereits in Gang ist, erfordert ein bißchen Mut, aber auch Sensibilität. Beobachten Sie zunächst die Körpersprache der Gesprächsteilnehmer, und achten Sie auf den Tonfall, um daraus einige Hinweise für Ihr Vorgehen zu erhalten. Einer meiner Klienten bot folgende Ratschläge zum Thema an:

- Vermeiden Sie es, sich zu zwei Menschen zu gesellen, die offensichtlich in ein Thema vertieft sind. Wenn zwei Menschen die Köpfe zusammenstecken, können Sie sicher sein, daß sie sich intensiv mit einem sehr wichtigen Thema – oder miteinander – befassen.
- Erfolgversprechender ist es, sich Gruppen von drei oder mehr Teilnehmern zu nähern, die sich gut zu unterhalten scheinen. Stellen Sie sich erst einmal irgendwo in die Nähe, und kommentieren Sie das, was gesagt wird, nur mit Ihrem Gesichtsausdruck. Wenn Sie das Gefühl haben, Sie würden einbezogen – entweder verbal oder durch Augenkontakt –, ist der Zeitpunkt gekommen, sich ins Gespräch einzubringen. Versuchen Sie jedoch keinesfalls, das Gespräch an sich zu reißen oder Werbung für Ihr Produkt zu machen. Denken Sie daran, Sie sind der Neuling in der Gruppe.
- Seien Sie offen gegenüber anderen, die auch gerne dazustoßen möchten. Wenn Sie jemanden am Rande Ihrer Gruppe stehen sehen, laden Sie ihn durch einen Blick oder eine Bemerkung ein, am Gespräch teilzunehmen. Ihr zuvorkommendes Verhalten wird dankbar registriert werden.

Wenn Sie jemanden, der in ein Gespräch vertieft ist, nur rasch begrüßen möchten, könnten Sie vielleicht sagen: »Entschuldigen Sie, daß ich unterbreche, aber ich wollte nur guten Tag sagen.« Dann entfernen Sie sich wieder. Möglicherweise stellt sich auch heraus, daß Ihre Unterbrechung den Gesprächspartnern sehr willkommen ist und Sie eingeladen werden, an der Plauderei teilzunehmen.

Was ist, wenn jemand Sie bei einem intensiven und wichtigen Gespräch stört? Reagieren Sie freundlich, aber zugleich bestimmt. Erwidern Sie höflich die Begrüßung, und deuten Sie gleichzeitig an, daß Sie Ihr Gespräch zu Ende führen wollen, später aber gern auf die dazugestoßene Person zukommen werden. Natürlich müssen Sie Ihr Wort dann auch halten!

Strategie Nr. 7
Ausklinken – Wie man sich höflich wieder entfernt

Vielen von uns fällt es schwer, ein Gespräch von sich aus zu beenden – wir empfinden dies wahrscheinlich als unhöflich. Zu den Spielregeln einer Party gehört es jedoch, daß wir von einem zum anderen weitergehen. Wir sollten eigentlich nicht länger als acht bis zehn Minuten bei einer einzelnen Person verweilen, schließlich sind wir eingeladen worden, um uns unter Leute zu mischen und andere kennenzulernen. Nutzen wir also die Gelegenheit, mit Personen ähnlichen Interesses, mit Kollegen oder potentiellen Kunden zusammenzutreffen und so viele Leute wie möglich kennenzulernen. Natürlich können wir uns nicht immer an die zugestandenen acht bis zehn Minuten halten, weil ein eventueller Geschäftskontakt oder ein Gespräch mit sehr zurückhaltenden Menschen mehr Zeit in Anspruch nehmen kann; wir sollten es aber vermeiden, den ganzen Abend mit ein und derselben Person zu verbringen.

Ein guter Abgang

Wie findet man einen guten Abgang? Ich erinnere mich noch daran, daß ich einmal geschlagene zwanzig Minuten mit jemandem sprach, dessen Gesellschaft ich nicht als besonders angenehm oder anregend empfand. Als der Kollege, mit dem zusammen ich gekommen war, mich später fragte, warum ich das getan hätte, druckste ich herum und sagte, ich hätte nicht unhöflich sein wollen. »Susan«, meinte er, »warum in aller Welt hast du nicht einfach gesagt: ›Entschuldigen Sie mich bitte.‹?!« Es gibt verschiedene Möglichkeiten, sich zu entfernen:

Abgang Nr. 1

Um sich den Abgang ein wenig zu erleichtern, sollten Sie warten, bis Sie selbst gerade etwas gesagt haben, was als Schlußpunkt dienen könnte. Dann lächeln Sie freundlich, strecken den Arm für einen abschließenden Händedruck aus und sagen: »Entschuldigen Sie mich bitte, es war nett, Sie zu treffen.« Sie könnten noch hinzufügen: »Ich glaube, dort hinten steht mein Chef (Kunde, Partner, Mann etc.).« Die alte Ausrede: »Ich muß mir mal etwas zu trinken holen« ist nicht so glücklich, weil Sie in dem Fall auch Ihren Gesprächspartner fragen müßten, ob Sie etwas mitbringen können. Dann müssen Sie nicht nur noch einmal zurückkehren, sondern der betreffenden Person vielleicht sogar den Drink spendieren.

Wenn Sie sich einmal gelöst haben, sollten Sie sich sichtbar in einen anderen Teil des Raumes bewegen. Sie machen damit deutlich, daß Sie wirklich jemand anderen gesehen haben oder etwas Bestimmtes tun mußten und daß Sie Ihren bisherigen Gesprächspartner nicht einfach verlassen haben, weil Sie gelangweilt waren.

Abgang Nr. 2

Wenn Sie an eine Person gelangt sind, der offensichtlich nichts an einem Gespräch mit Ihnen liegt, dann sagen Sie freundlich: »Ich hoffe, Sie haben noch einen angenehmen Vormittag (Nachmittag, Abend)« und entfernen sich. Sie brauchen nicht unhöflich zu werden, vielleicht benimmt sich Ihr Gegenüber nur so, weil es gerade irgendwelche Sorgen plagen.

Abgang Nr. 3
Ziehen Sie Ihren Gesprächspartner oder Ihre Gesprächspartnerin mit, und stellen Sie ihn oder sie anderen Leuten vor. Die meisten Menschen sind uns dankbar, wenn wir ihnen helfen, mit anderen ins Gespräch zu kommen.

Bevor Sie nach Hause gehen, vergessen Sie nicht, sich beim Gastgeber oder der Gastgeberin zu bedanken. Selbst wenn es sich um ein Mittagessen der Handelskammer handelt, so hat doch irgend jemand die Sache organisiert, das Menü ausgewählt, das Programm und alles andere geplant. Finden Sie heraus, wer das ist, und danken Sie ihm oder ihr.

Wenn Sie wirklich gehen wollen oder müssen, lassen Sie sich nicht mehr in zeitraubende Gespräche verwickeln. Vermeiden Sie es auch, sich zu verabschieden, kurz noch ein paar Worte zu sagen, sich von den nächsten zu verabschieden, wieder ein paar Sätze zu sagen und sich dabei nur langsam, Zentimeter für Zentimeter, der Türe zu nähern. Jemand brachte es einmal so auf den Punkt: »Wenn Sie bereit sind zu gehen, dann gehen Sie auch wirklich!«

Zusammenfassung

Diese sieben Strategien werden Ihnen also dabei helfen, auf andere Menschen zuzugehen und Kontakte zu knüpfen:

- Betreten Sie mutig den Raum, orientieren Sie sich, und sehen Sie sich nach Leuten um, die Sie entweder kennen oder kennenlernen möchten. Seien Sie ausnahmslos nett zu allen!
- Nutzen Sie die Möglichkeit, einen Freund, Kollegen oder eine Kollegin mitzubringen. Trennen Sie sich irgendwann von

Ihrer Begleitung, weil sich so die Kontaktmöglichkeiten vergrößern.

- Sehen Sie sich um, ob irgendwo schüchterne Menschen verlassen herumstehen. Diese werden sich über Ihr Interesse und ein Gespräch mit Ihnen freuen.
- Nutzen Sie die Vorteile von Namensschildern. Verwenden Sie die darauf enthaltenen Informationen, um ein Gespräch zu beginnen. Achten Sie darauf, das Namensschild auf der rechten Seite zu tragen.
- Es gibt Tausende verschiedener guter Einleitungssätze. Wenn Ihnen nichts Originelleres einfällt, genügt ein einfaches »Hallo« oder »Guten Tag«. Alles ist passend, wenn Sie es mit einem Lächeln und ehrlichem Interesse sagen.
- Scheuen Sie sich nicht, sich in Gespräche einzubeziehen, die bereits im Gange sind. Laden Sie andere ein, sich an Ihrer Gesprächsrunde zu beteiligen.
- Ein Gespräch taktvoll zu beenden, gehört zu einer Party und ist eine Kunst, die Sie vielleicht üben müssen. Vergessen Sie nicht, sich beim Gastgeber zu bedanken, bevor Sie gehen.

Ratschläge:

- Die kostenlose Ausgabe von Getränken sollte Sie nicht dazu verleiten, mehr zu trinken, als Ihnen guttut. Denken Sie daran: Sie sind immer noch im »Dienst«.
- Seien Sie nett zu jedermann, unabhängig von Titel oder Position. Sie können nie wissen, mit was für einem Menschen Sie es wirklich zu tun haben.
- Wenn Sie sich nicht mehr an den Namen von jemandem erinnern, nennen Sie bei der Begrüßung Ihren Namen.

9 Sieben Regeln für ein lebendiges Gespräch

Sie haben sich Ihre Strategien für die Teilnahme an einem Ereignis zurechtgelegt. Sie sind vor kurzem angekommen, und es fällt Ihnen leicht, sich unter die Leute zu mischen. Sie haben sogar jemanden entdeckt, mit dem Sie sich unterhalten möchten, und haben sich selbst vorgestellt … mit Charme und vielleicht sogar ein wenig Courage. Doch: Was sollen Sie als nächstes sagen?

Selbst Leute, denen es leichtfällt, sich selbst vorzustellen, haben manchmal Probleme beim nächsten Schritt: Konversation zu machen.

Welchen ersten Eindruck wir hinterlassen, sei es bei irgendwelchen Anlässen oder bei Vorstellungsgesprächen, hängt zu einem großen Teil von unseren Kommunikationsfähigkeiten ab. Am besten kommunizieren wir, wenn wir sowohl entspannt als auch interessiert und engagiert sind. »Nichts ist so ansteckend wie Begeisterung; sie kann Steine ins Rollen bringen und selbst Scheusale in liebenswerte Menschen verwandeln.« Dies sagt Edward Bulwer-Lytton in seinem Buch *637 of the Best Things Anybody Ever Said.*

Einen guten Gesprächspartner zeichnet in erster Linie ehrliches Interesse am anderen Menschen aus. Wenn wir nur darauf warten, selbst zu Wort zu kommen, oder wenn wir aus unserem Gesprächspartner bestimmte Informationen herauspressen wollen, kommt kein gutes Gespräch in Gang. Wir können nicht nur über die Ohren Informationen austauschen, sondern auch über die Augen und unser ganzes Gesicht. Auf diese Weise zeigen wir dem andern, daß uns seine Reaktionen, Gefühle und Gedanken wichtig sind.

Leben Sie ganz für den Augenblick. Dadurch, daß Sie jedem Gesprächspartner Ihre ungeteilte Aufmerksamkeit schenken, machen Sie die Minuten Ihres Gesprächs zu etwas Besonderem. Schauen Sie sich nicht gleichzeitig im Raum um, ob es vielleicht noch wichtigere oder interessantere Leute als Ihren gegenwärtigen Gesprächspartner gibt.

Ihr erstes Gesprächsthema mit einem Unbekannten wird sich wahrscheinlich nicht um atomare Abrüstung, Abtreibung oder den möglichen Zusammenbruch der Weltwirtschaft drehen – es sei denn, Sie nehmen an einem Ereignis teil, das dieses Thema zum Anlaß hat.

Voraussichtlich werden Sie erst einmal ein wenig Smalltalk machen. Zu Ihrer Erinnerung: Smalltalk ist sinnvoll, denn er dient dazu, gemeinsame Interessen herauszufinden und sich besser kennenzulernen. Ich teile die Meinung von Michael Korda: »Smalltalk hat nichts mit Trivialität oder Oberflächlichkeit zu tun.«

Gemäß einer Umfrage schauen sich viele Leute die Nachrichten hauptsächlich deshalb an, weil Sie die Wettervorhersage hören wollen. Das Wetter ist als Gesprächsthema immer aktuell. Ob die Sonne scheint, ob es regnet oder schneit, wir alle sind davon betroffen.

Auch am Arbeitsplatz sind die Gemeinsamkeiten offensichtlich. Doch um uns dort wohl zu fühlen, müssen wir ein gutes Verhältnis zu unseren Kollegen und Mitarbeitern haben. Indem wir Ideen und Gedanken austauschen und uns gegenseitig unterstützen, schaffen wir ein Gemeinschaftsgefühl. So schaffen Gespräche Beziehungen und letztlich auch Teams ... die sich aber verändern können.

Für den Smalltalk ebenso wie für tiefergehende Diskussionen gibt es sieben Grundregeln. Sie helfen, das Gespräch in Gang zu bringen und zugleich gemeinsame Interessen aufzuspüren.

Regel Nr. 1
Täglich die Zeitung lesen

Die tägliche Zeitungslektüre ist ein Muß, weil wir uns so Wissen und einen Vorrat an Gesprächsthemen aneignen. Selbst Bill Gates empfahl es vor einigen Jahren in einer Kolumne. Manche Leute scheuen zwar davor zurück – doch meist nur, bis sie es einmal probiert haben. Denn Zeitunglesen kann so spannend und unterhaltsam sein, daß ich Sie fast warnen möchte: Werden Sie nicht süchtig! Wenn Sie nämlich einmal damit begonnen haben, ist es sehr schwer, wieder aufzuhören. Dabei spielt es keine Rolle, ob Sie nun die Zeitung direkt in der Hand halten oder online am Computer lesen.

Fernsehnachrichten sind kein Ersatz fürs Zeitunglesen. Im Fernsehen und am Radio wird ein Krieg oder eine Präsidentenwahl zu einem 30-Sekunden-Ereignis. In so kurzer Zeit gewinnen Sie natürlich keinen wirklichen Einblick in die Themen.

Auch Zeitschriften und Magazine sind kein ausreichender Ersatz. Wie faszinierend diese Publikationen auch immer sein mögen, sie befassen sich nur selten mit dem politischen Tagesgeschehen, und sie erscheinen nicht täglich.

Warum sollte ein sehr beschäftigter Mensch, der vielen Verpflichtungen nachkommen muß, auch noch eine Tageszeitung lesen? Weil ein guter Gesprächspartner belesen und gut informiert ist! Er weiß, was in der Welt vor sich geht, und kann darüber reden.

Ein regelmäßiger Zeitungsleser verfügt über viele Gesprächsthemen, und das erleichtert ihm die Kommunikation, egal, bei welcher Veranstaltung er sich gerade befindet.

Wissen ist Macht! Wenn wir uns eine solide Wissensbasis aufbauen, werden wir zu interessanten Gesprächspartnern, die wirklich etwas beizutragen haben. Müssen Sie nun ein Experte auf jedem Gebiet sei? Natürlich nicht. Aber Sie sollten ausreichend informiert sein, um Gespräche anzuknüpfen oder daran teilnehmen zu können. Intelligente Fragen kann man nur stellen, wenn man über etwas Bescheid weiß.

Es sind die intelligenten Fragen, die andere dazu bringen, über ihre Spezialgebiete und ihre persönlichen Interessen zu sprechen. Auf diese Weise können wir viel lernen. So wird jeder Anlaß, jede Konferenz, jede Party zu einer Gelegenheit, uns weiterzubilden. Die gewonnenen Informationen werden dann vielleicht beim nächsten Anlaß von Vorteil sein.

So verschaffen Sie sich rasch einen Überblick

1. Beginnen Sie mit dem Teil, der Sie am meisten interessiert – selbst wenn das die Comicserie sein sollte. Es ist nicht schlecht, jeden Tag mit Lachen zu beginnen.
2. Wenn Sie unter Zeitdruck stehen und die ganze Zeitung erst später lesen können, dann überfliegen Sie zumindest die Schlagzeilen und die ersten Absätze. Zeitungen werden zum Glück für Leute geschrieben, die viel zu tun haben, weshalb Sie die Hauptelemente jeder Geschichte – wer, was, wo, wann und wie – meist im ersten Absatz finden.
3. Lesen Sie den Wirtschaftsteil – auch wenn Sie zunächst keine große Lust dazu verspüren. Wenn Sie im Berufsleben stehen, nehmen Sie ohnehin an der wirtschaftlichen Entwicklung teil und sollten wissen, was in der Geschäftswelt vor sich

geht. Auf jeden Fall haben Sie mit Menschen zu tun, die im Geschäftsleben stehen, und sollten über deren Probleme und Interessen auf dem laufenden sein.
Der Wirtschaftsteil ist gar nicht so trocken und fachspezifisch, wie manche vermuten. Sie brauchen kein Wirtschaftswissenschaftler zu sein, um ihn zu verstehen. Zeitungen sollen von möglichst vielen gekauft werden, und das wäre nicht möglich, wenn der Normalbürger sie nicht begreifen und interessant finden könnte.
Wenn Sie den Wirtschaftsteil lesen, bekommen Sie Informationen, die Ihnen bei der Kontaktaufnahme mit anderen nützlich sein können. So las ich eines Morgens, daß die Firma, bei der ich am selben Nachmittag einen Vortrag halten sollte, die Hälfte ihrer Geschäftsanteile verkauft hatte. Mir war klar, daß ich in meinem Vortrag und den anschließenden Gesprächen auf diese Information eingehen mußte. Statt den wahrscheinlich erfolglosen Versuch zu starten, meine Zuhörer von dem abzulenken, was sie gerade am meisten beschäftigte, baute ich das Vorkommnis in meine Präsentation ein, wodurch sie für alle viel interessanter wurde.

4. Werfen Sie einen Blick auf den Sportteil! Selbst wenn Sie nicht zu den Sportbegeisterten gehören, werden Sie sicher auf solche treffen – und mit keinem Thema läßt sich leichter Kontakt schaffen als mit einem Austausch über Sportereignisse. Wir möchten, daß Menschen sich in unserer Gesellschaft wohl fühlen und wir leicht mit ihnen ins Gespräch kommen. Wenn Sie auf Fußball-, Eishockey- oder Tennisfans treffen, ist es ein Vorteil, zumindest einigermaßen über deren Lieblingssport Bescheid zu wissen. Sie brauchen deshalb nicht die Meisterschaftsgewinner der letzten dreißig Jahre auswendig zu lernen, aber wenn ein Spiel oder Turnier in der Stadt ausgetragen wird, in der Sie gerade geschäftlich zu tun haben,

sollten Sie wenigstens wissen, welche Teams daran teilnehmen und worum es geht. Sie zeigen damit, daß Sie informiert sind und Ihnen die Interessen anderer wichtig sind.
Bei einer Präsentation vor Geschäftsleitungsmitgliedern verschiedener Unternehmen sagte mir einer meiner Zuhörer, daß neunzig Prozent seiner Angestellten, Kunden und Kollegen über Sport redeten. Es sei deshalb für ihn von Nachteil, daß er keinerlei Interesse dafür aufbringen könne. Am liebsten hätte ich ihm mit einem Lieblingsspruch meines Bruders geantwortet: »Spring über deinen eigenen Schatten!« Aber ich hielt mich zurück ...
Wenn ihm schon klar war, daß für den Großteil der Menschen, mit denen er in seinem Arbeitsleben zu tun hatte, Sport ein wichtiges Thema war, wäre es ein leichtes für ihn gewesen, ein Gesprächsthema zu finden und ein gutes Klima zu schaffen. Die gebratenen Tauben wären ihm dann sozusagen in den Mund geflogen.

5. Vergessen Sie nicht die Comics. Wenn ich bei einem bestimmten Comic spontan an jemanden denken muß, den ich kenne, dann fotokopiere ich die Witzserie und schicke oder faxe sie an die betreffende Person, manchmal zusammen mit ein paar Zeilen. Das ist eine gute Möglichkeit, Kontakte zu pflegen, und Humor verbindet.
6. Lesen Sie das Feuilleton und die Wochenendbeilage. Dort finden Sie Kommentare, Reportagen, Buchauszüge und Rezensionen, Humor, Berichte über Modeneuheiten, Artikel über Gesundheit, soziale Themen und auch etwas Klatsch. Diese Seiten Ihrer Zeitung enthalten Informationen jeglicher Art, die sich oft wundervoll eignen, Konversation zu machen – über Themen wie Streß, Karriere, Scheidung, Rückenleiden, Diät, den öffentlichen Verkehr etc.

Regel Nr. 2
Ausschneiden und sammeln

Als ich fern von zu Hause studierte, war fast jedem Brief meiner Eltern ein Zeitungsausschnitt beigefügt. Gewöhnlich handelte es sich um Leserbriefe verzweifelter Mütter, die sich beklagten, daß ihre Tochter, die an einer Uni war, a) nicht schrieb, b) nicht anrief, es sei denn, sie war in Geldnöten, c) die Ferien nicht zu Hause verbringen wollte, d) weder liiert noch verlobt war, e) Verabredungen mit wohlerzogenen, passenden jungen Männern, die als Schwiegersöhne infrage kämen, ablehnte und f) deshalb auch keine Aussicht auf Enkelkinder bestand.

Können Sie sich vorstellen, wie entsetzt ich war, als ich entdeckte, daß ich die Angewohnheit, Zeitungsartikel auszuschneiden, geerbt hatte?! Mein einziger Trost war, daß viele meiner Kollegen und Kolleginnen ebenfalls unter dieser Marotte litten, die übrigens auch ihr Gutes hat: Man kann damit wunderbar ein Gespräch einleiten.

Das Ausschneiden und Sammeln von Artikeln und Comics hilft bei der Kontaktpflege und bei der Konversation. So können Sie beispielsweise witzige, satirische Artikel sammeln, solche, die gerade hochaktuell sind, oder auch solche, die nur in Ihren Kreisen von Interesse sind. Ob Sie nun den Sinn für Sensationen oder, besser noch, jenen für Humor ansprechen möchten – Ihre Begeisterung für das, was Ihr Interesse gefunden hat, kann ansteckend wirken. Wenn ich in einer Zeitung einen Artikel über Klienten, Kollegen oder Geschäftsfreunde finde, schneide ich ihn aus und sende ihn an diejenigen, die das interessieren könnte. Ich meinerseits freue mich, wenn ich solche Zeitungsausschnitte geschickt bekomme. So schlüpfe ich also in die Rolle meiner Eltern und tue Dinge, die mich früher verrückt gemacht haben. Aber das ist, glauben Sie mir, unvermeidbar.

Regel Nr. 3
Mitteilungsblätter, Rundschreiben, die Zeitschrift Ihres Berufsverbandes und Protokolle lesen

Manchmal werden wir zu Ereignissen eingeladen, die von Organisationen veranstaltet werden, welche wir kaum kennen. Solche Anlässe, wie etwa eine Benefizveranstaltung, ein Essen einer politischen Vereinigung oder die Weihnachtsfeier eines Kunden, bedürfen bisweilen einer besonderen Vorbereitung. Um eine Organisation kennenzulernen, lesen Sie am besten deren Mitteilungsblatt oder die Zeitschrift des entsprechenden Verbandes.

Diese Veröffentlichungen können von unschätzbarem Wert sein. Sie werden für die Zeit, die Sie für die Lektüre benötigen, entschädigt werden: Sie fühlen sich nicht mehr als »Außenseiter«, die Gruppe und ihre Leute sind ihnen nicht mehr ganz fremd, und sie haben die Informationen, die Sie brauchen, um Fragen zu stellen und Gespräche rascher in die Wege zu leiten.

Wenn Sie jemanden wiedererkennen, weil Sie sein Foto in der Firmenzeitschrift gesehen haben, und ihn darauf ansprechen, wird er sich wahrscheinlich geschmeichelt fühlen und sich gerne mit Ihnen unterhalten.

Wenn Sie zu einer Konferenz einer Organisation oder Gruppe eingeladen werden, über die Sie wenig wissen, bitten Sie um Einsicht in die Sitzungsprotokolle der letzten drei Monate. Sie werden die anderen mit Ihrem Interesse beeindrucken und bekommen zudem Einblick in die neuesten Entwicklungen. Das wird Ihnen ermöglichen, sachkundige Beiträge zu den Gesprächen zu leisten.

Wenn ich das Mitteilungsblatt und die Website einer Firma lese, deren Veranstaltung ich besuche oder die mich für einen

Vortrag gebucht hat, so gibt mir dies das Gefühl, gut vorbereitet zu sein.

Regel Nr. 4
Aufpassen und aufschreiben

Witzige Bemerkungen und amüsante Anekdoten anderer können als interessante, humorvolle oder provozierende Gesprächseröffnungen dienen. Freunde, Geschäftspartner, Kinder, die Zufallsbekanntschaft auf der Straße – fast jeder gibt bisweilen etwas Bemerkenswertes von sich. Sie müssen nur die Ohren offenhalten – sei es zu Hause, im Büro, im Fitneßclub oder beim Friseur.

Ein Vorteil dieser kleinen Geschichten ist, daß der Held oder die Heldin immer eine unbekannte Person ist. Manchmal kann man die Bemerkungen von zwei verschiedenen Menschen amüsant aneinanderfügen. So machte eine meiner Freundinnen einmal folgende Bemerkung über Männer: »Nimm einfach an, daß sie alle verheiratet sind, bis dir das Gegenteil bewiesen wird.« Ich erzählte dieses kleine Bonmot einer anderen Freundin und fragte sie, wie Männer wohl »das Gegenteil beweisen«. Sie meinte daraufhin: »Frag sie nach ihrer privaten Telefonnummer.«

Von dieser Freundin stammt auch der tolle Ratschlag für Eltern: »Stellen Sie sich immer als Fahrer zur Verfügung. Nach einer Weile halten die Kinder Sie für einen Teil des Lenkrads und plappern, als ob Sie nicht vorhanden wären. Auf diese Weise sind Sie immer bestens über alles informiert!«

Eine andere Freundin, eine Kollegin aus meiner Zeit als Grundschullehrerin, ist heute Mutter von zwei prächtigen Söhnen. Eines Tages, als der jüngere gerade sechs Jahre alt war, stöhnte sie voller Verzweiflung: »Mein Gott, ich habe ein Kind in die Welt gesetzt, das ich niemals in meiner Klasse akzeptiert hätte!« Ich erwähne diesen Ausspruch manchmal gegenüber Kolleginnen, wenn sie mir erzählen, daß sie Kinder hätten, worauf das Gespräch unweigerlich in Gang kommt. Ich selbst habe keine Kinder, doch durch das Erzählen solcher Begebenheiten kann ich mich in das Leben der Leute mit Kinder »einklinken«.

Um Kommentare und kleine Geschichten als Gesprächsanlässe nehmen zu können, müssen wir uns allerdings an sie erinnern. Manche Leute schreiben sie jeden Abend in ein Heft oder sprechen sie auf Tonband; andere tragen immer einen kleinen Notizblock mit sich herum, um Amüsantes schnell aufzuschreiben. Selbst eine unwiderstehliche Bemerkung oder witzige Anekdote kann in Vergessenheit geraten, wenn wir uns nicht die Zeit nehmen, sie irgendwo festzuhalten. Bevor ich dieses Buch überarbeitete, habe ich einen Ordner voll mit Geschichten gelesen, die ich mir irgendwann notiert hatte. Das Wunderbarste dabei war: Ich konnte meine Schrift noch entziffern!

Oft gebe ich den besten Ratschlag meiner Mentorin Joyce Siegel weiter: »Verbringe keine Zeit mit Leuten, bei denen du hinterher auch nur eine einzige Minute darauf verwenden mußt, dich zu fragen, was sie mit ihren Worten eigentlich gemeint haben könnten.«

Regel Nr. 5
Humor macht Spaß

Humor verbindet die Menschen. Er besitzt Kräfte, die sogar heilend wirken können. Soziologische und medizinische Forschungen untermauern die Bedeutung und den Wert von Humor. Nach Dr. William Fry vom Medizinischen Institut in Stanford ist Lachen gesund: »Lachen stimuliert das Gehirn, schmerzlindernde

Hormone zu produzieren. Es regt auch die Drüsenfunktion an, wodurch Krankheitssymptome zum Abklingen gebracht werden können. Und Lachen ist natürlich auch hilfreich bei Depressionen.« Nach den ersten Studien von Dr. Fry sind noch viele weitere Werke über die positiven Effekte des Humors veröffentlicht worden.

Sie brauchen kein notorischer Possenreißer zu sein, um Humor zu besitzen. Humor kann unter den zwei folgenden Aspekten definiert werden: Einerseits bedeutet er die Eigenschaft, witzig zu sein, andererseits die Fähigkeit, Komik in einer Situation zu erfassen, zu genießen oder auszudrücken.

Der richtige Satz oder das treffende Wort im passenden Moment kann eine Verhandlung oder eine Vorstandssitzung vor dem Scheitern retten. Mit Humor muß jedoch achtsam umgegangen werden, denn eine witzige Bemerkung kann nicht nur Vergnügen bereiten, sondern auch verletzen. Ich bin im allgemeinen argwöhnisch, wenn ich den Satz höre: »Hast du den schon gehört?« Meist habe ich den Witz kurz zuvor in einer weitergeleiteten E-Mail gelesen!

Humor: Sinnvolles und Verbotenes

Sinnvoll:

- Üben Sie das Geschichtenerzählen und die Pointen. Ich habe einmal die einleitende Geschichte für einen meiner Vorträge siebzehnmal geübt, bis sie richtig saß.
- Sehen Sie sich im Fernsehen und im Kino Komödien an, und lesen Sie humoristische Bücher. Bei bestimmten komischen Fernsehsendungen habe ich Papier und Bleistift neben mir liegen.
- Fragen Sie sich bei der Beurteilung von Geschichten oder

Witzen: Sind sie angemessen? Sind sie geschmackvoll? Sind sie angebracht?
- Lachen Sie über sich selbst. Das zeugt von Selbstbewußtsein und Gelassenheit. Die besten Geschichten sind oft die, in denen Ihnen etwas Dummes oder Witziges passiert ist.
- Lachen Sie ruhig aus vollem Hals. Es ist gut für Ihre Gesundheit und macht die Kommunikation mit anderen vergnüglicher.

Verboten:
- Wenn Sie Witze nicht gut erzählen können, lassen Sie es besser.
- Erzählen Sie keine Witze auf Kosten anderer. Auch scherzhafte herabsetzende Bemerkungen können beim anderen Haßgefühle aufbauen, die sich vielleicht irgendwann Ihnen gegenüber entladen.
- Rassistische, sexistische oder ganz allgemein menschenverachtende Witze sind nicht erlaubt. Ebenso tabu sind solche über Religionszugehörigkeiten oder körperliche Behinderungen.

Regel Nr. 6
Aktiv zuhören

Als Frau, die von Berufs wegen sehr viel reden muß, interessieren mich die Stärken und Schwächen der Redner besonders. Mittlerweile haben Studien gezeigt, daß Leute, die gut reden können, nicht unbedingt schlechte Zuhörer sein müssen.

Gut zuhören bedeutet mehr, als dem anderen nur in die Augen zu schauen, während er spricht, und dabei im Geiste die morgige Konferenz zu planen oder den gestrigen Film Revue passieren zu lassen. Aktives Zuhören heißt, wirklich aufzunehmen, was der andere sagt, sich auf ihn und seine Worte zu konzentrieren und dann darauf zu reagieren. Wenn wir wirklich ganz präsent sind und uns auf unseren Gesprächspartner konzentrieren, fällt es uns später leichter, uns an die Person und das Gespräch zu erinnern.

In einigen meiner Seminare üben die Teilnehmer in Rollenspielen das Reden und Zuhören. Dabei haben wir festgestellt, daß folgende Merkmale den guten Zuhörer ausmachen:

- Augenkontakt
- Nicken
- Lächeln oder Lachen
- Passende, Interesse signalisierende Fragen
- Bemerkungen, die zeigen, daß man ähnliche Erfahrungen gemacht hat
- Aufgeschlossenheit und Offenheit signalisierende Körpersprache
- Den andern ausreden zu lassen

Wenn wir bewußt aktiv zuhören, wird sich unsere Kommunikationsfähigkeit verbessern. Sich mit anderen zu unterhalten wird dann weniger anstrengend und sehr viel vergnüglicher sein. Vielleicht ist gute Konversation eine Kunst, die im Aussterben begriffen ist – aber mit etwas Vorbereitung und Engagement können wir sie zu neuem Leben erwecken!

Regel Nr. 7
Neuem positiv gegenüberstehen

Seien Sie offen für Dinge, die außerhalb Ihres gewohnten Erfahrungsbereiches und Ihrer üblichen Interessen liegen. Dies erweitert den Horizont und liefert jede Menge interessanten Gesprächsstoff.

Aus diesem Grund ging ich beispielsweise mit einem Freund bergsteigen. Obwohl es mich viel Überwindung kostete, war es eine tolle Erfahrung, und ich hatte danach viel zu erzählen!

Es gibt Dinge, die ich lediglich einmal mache, nur um zu wissen, daß ich es kann. Wie zum Beispiel Brotbacken. Einmal habe ich mich an die Zubereitung des jüdische Eierbrotes (Challah) gewagt, und zu meiner Überraschung schmeckte es köstlich. Ich brauche es jedoch nie wieder zu tun. Schließlich gibt es Bäcker, die davon leben, Challah zu backen ... lieber unterstütze ich sie.

Vor noch nicht allzu langer Zeit verbrachte ich einen Nachmittag mit zwei Sprößlingen von Bekannten in einem Erlebnispark für Kinder. Ich empfand es als lehrreich, die Welt einmal durch die Augen eines Sieben- und einer Zehnjährigen zu sehen. Ich denke noch oft daran und empfehle einen solchen Ausflug Touristen, Kunden und Kollegen, die jüngere Kinder oder Enkel haben.

Wenn wir neuen Erfahrungen gegenüber aufgeschlossen sind, geht uns der Gesprächsstoff nie aus.

Fünf leichte Grundregeln für ein lockeres Gespräch:

- Seien Sie ein Gesprächs-Chamäleon. Passen Sie Ihre Konversation Ihrem Gesprächspartner und seinem Alter, Beruf und seinen Interessen an.

- Lassen Sie im Gespräch ruhig ein paar Namen fallen. Erwähnen Sie auf jeden Fall Leute, die Sie möglicherweise beide kennen.
- Schlüpfen Sie in das Leben anderer. Erzählen Sie Geschichten von Freunden, die Kinder haben, eine japanische Kampfsportart betreiben, Marathon laufen, Opern lieben oder eine eigene Website besitzen – auch wenn dies alles auf Sie nicht zutrifft.
- Seien Sie großzügig. Geben Sie den Leuten eine zweite Chance.
- Seien Sie nett zu allen. Auch der kleine Angestellte hat Qualitäten und kann der große Boß von morgen sein.

Fünf folgenschwere Fehler:

- Mangelnde Vorbereitung; das Versäumnis, Zeitungen, Fachzeitschriften oder sonstige Informationsquellen zu lesen
- Zu viele Fragen, Nörgeleien und Gejammer, die zu lange Antworten herausfordern
- Unablässiges Erzählen von Witzen
- Konkurrenzdenken; dem anderen immer eine Nasenlänge voraus sein wollen, nicht zuhören, ihn unterbrechen oder herabsetzen

Gesprächspausen gehören auch zu einer Konversation. Der verstorbene Professor Morrie Schwartz stellte in *Dienstags bei Morrie* die rhetorische Frage, weshalb eine Gesprächspause für uns unangenehm sein solle? Sie gibt uns Gelegenheit, über das Gehörte nachzudenken.

Zusammenfassung

Die sieben Regeln für ein lebendiges Gespräch sind also:

- Lesen Sie täglich Zeitung – auf Papier oder online. Die Seiten liefern ausgezeichnete Gesprächsthemen.
- Schneiden Sie Witziges oder Interessantes aus, sammeln Sie es, oder senden Sie es gegebenenfalls an andere weiter.
- Lesen Sie Mitteilungsblätter, Fachzeitschriften und Protokolle, so daß Sie immer auf dem laufenden sind.
- Wenn Sie Interessantes, Komisches oder Absurdes hören oder sehen, schreiben Sie es auf.
- Seien Sie humorvoll, jedoch ohne andere zu verletzen. Nehmen Sie sich selbst nicht zu wichtig.
- Hören Sie aktiv zu – mit Augen, Ohren und dem Herzen.
- Seien Sie aufgeschlossen für neue Erfahrungen, denn sie bereichern Ihr Leben – auch um Gesprächsstoff.

10 Reden vor Publikum

Sie wurden eingeladen, einen Vortrag vor der Handelskammer, dem Rotary-Club, Ihrem Berufsverband oder den Ehemaligen Ihrer Schule zu halten. Bei dem Gedanken daran bricht Ihnen der kalte Schweiß aus, und Ihr Herz beginnt zu klopfen.

Es heißt, Reden in der Öffentlichkeit sei für die meisten der Angstfaktor Nr. 1. Ich teile diese Meinung nur bedingt. Ich glaube, daß es für viele furchterregender ist, einen Raum zu betreten, in dem man keine Menschenseele kennt. Reden vor Publikum ist aber bestimmt auch ein großer Angstauslöser.

Wird Ihnen bei der Aussicht, vor Fremden einen Vortrag halten zu müssen, flau im Magen, dann sollten Sie sich bewußt machen, daß Sie aufgrund Ihres Wissens, Ihrer Erfahrung und Ihres Erfolges angefragt wurden. Die Organisatoren sind der Meinung, daß Sie etwas zu sagen haben – dazu dürfen Sie sich beglückwünschen, denn es ist ein großes Kompliment.

Gewandt in der Öffentlichkeit Reden zu halten ist keine Gabe, die nur wenigen vorbehalten ist, sondern lernbar. Als Grundschullehrerin habe ich versucht, es meinen Schülern beizubringen. Es war nicht leicht, schüchterne Kinder zu bewegen, sich auf dieses »Wagnis« einzulassen. Doch ich wußte, daß ihnen die Fähigkeit, vor anderen reden zu können, in der Zukunft gute Dienste leisten würde.

Gleichzeitig lehrte ich meine Schüler aber auch zuzuhören. Sie bekamen nicht nur Noten für ihre schriftlichen und mündlichen Leistungen, sondern auch für ihr Verhalten, wenn die anderen etwas vortrugen.

Was können wir als Erwachsene tun, damit unsere Zuhörer aufmerksam sind? Ganz einfach: Wir treten bereits vor dem Vortrag in Kontakt zu ihnen. Ich sage Ihnen dies als professionelle Vortragsreisende, die schon Hunderte von Malen vor dreißig bis dreitausend Leuten gesprochen hat. Wenn wir unsere Zuhörer schon im Vorfeld auf unsere Präsentation einstimmen, bringen sie uns und dem, was wir zu sagen haben, mehr Interesse und Aufmerksamkeit entgegen. Kurzum – reden Sie mit Ihren Zuhörern, bevor Sie mit Ihrem Vortrag beginnen.

Mittel gegen innere Blockierungen

Die Leute, die gekommen sind, Ihnen zuzuhören, sind für Sie keine Fremden. Sie haben mit Ihnen etwas gemeinsam. Vielleicht ist es Ihr Beruf, Ihr Wohnort oder Ihre Mitgliedschaft in einer wohltätigen Vereinigung. Vielleicht sind es auch potentielle Kunden, vor denen Sie eine Verkaufspräsentation halten wollen.

Stellen Sie sich vor. Schauen Sie auf die Namensschilder Ihrer Gesprächspartner. Machen Sie eine Bemerkung, oder stellen Sie eine Frage:

– »Nett, Sie kennenzulernen« (begleitet von einem festen Händedruck, einem Blick in die Augen und einem Lächeln)
– »Was führt Sie hierher?«
– »Oh, ich stamme auch aus Berlin. Welche Schule haben Sie besucht?«

Sie können die Zuhörer auch am Eingang begrüßen. Wenn ich dies tue, sind die Leute meist angenehm überrascht, von der

Vortragenden persönlich in Empfang genommen zu werden. Vielleicht betreten Sie den Raum auch erst, wenn alle ihren Platz eingenommen haben. Gehen Sie durch den Saal, und begrüßen Sie Gruppen von Anwesenden. Sie brauchen nicht mit jedem zu reden, aber beziehen Sie die anderen durch Blickkontakt ein. Achten Sie darauf, niemanden zu übergehen, auch nicht die Leute in den hintersten Reihen – diese müssen vielleicht am ehesten in Stimmung gebracht werden.

Alle, mit denen Sie ein paar Worte gewechselt haben, werden aufmerksamer zuhören, weil Sie nun ein ihnen bekannter Mensch und nicht irgendein Redner oder Moderator sind. Sie haben eine persönliche Verbindung hergestellt. Und diejenigen, die Sie bei Ihrer Kontaktaufnahme lediglich beobachtet haben, empfinden ähnlich.

Tips für einen guten Vortrag oder eine gute Moderation

Informieren Sie sich über Ihre Zuhörer. Stellen Sie dem Veranstalter folgende Fragen:

- Wer wird an der Veranstaltung teilnehmen?
- Wie viele werden teilnehmen?
- Welcher Altersgruppe und welchen sozialen Schichten gehören sie an?
- Wie ist die Veranstaltung angekündigt worden?
- Welches Ziel hat sie?
- Wer tritt noch auf?
- Was erwarten die Teilnehmer?
- Warum sind Sie eingeladen worden?

- Lesen Sie das Mitteilungsblatt, die Branchenzeitschrift und das Programmheft des veranstaltenden Gremiums
- Schauen Sie sich dessen Website an
- Reden Sie im Vorfeld mit einigen der Teilnehmer
- Bereiten Sie Ihr Material vor. Falls Sie Bilder an die Wand projizieren wollen, machen Sie sich vorher mit der Technik vertraut.
- Üben Sie Ihren Vortrag, damit Ihnen die Hauptpunkte und Ausführungen, die diese Punkte untermauern, geläufig sind.
- Besuchen Sie den vorausgehenden Empfang
- Begrüßen Sie die Zuhörer vor Ihrem Vortrag und plaudern Sie ein wenig mit ihnen.

Nachdem Sie mit den Zuhörern ein wenig Konversation getrieben haben, führen Sie diese Unterhaltung vom Rednerpult aus einfach weiter. Sprechen Sie mit, nicht zu Ihrem Publikum.

Geschickte Eröffnungssätze

Beginnen Sie nicht mit einem Witz – es sei denn, Sie haben ihn selbst erfunden und können ihn gut erzählen. Bei einem Witz, den Sie irgendwo gehört oder gelesen haben, besteht die Gefahr, daß Ihre Zuhörer ihn bereits kennen. Beginnen Sie lieber mit einer kleinen Geschichte, die Ihnen selbst passiert oder von Ihnen beobachtet worden ist. Vielleicht hat man sie Ihnen auch erzählt, oder Sie haben sie zufällig mit angehört. Wiederholen Sie keine Anekdote, die Sie bei einem anderen Redner gehört haben. Sie wollen sich doch nicht mit fremden Federn schmücken. Außerdem kennen Ihre Zuhörer diese Geschichte vielleicht schon und fühlen sich gelangweilt.

Am besten erzählen Sie von eigenen kleinen Erlebnissen. Stoff dafür gibt es überall, Sie müssen nur beobachten und zuhören können. Schreiben Sie sofort alles auf, und erzählen Sie diese lustigen, ironischen, skurrilen Geschichten erst einmal Ihren Freunden, wobei Sie auf deren Reaktionen achten. Veranstalten Sie Ihr eigenes Brainstorming. Ziehen Sie sich dazu mit einem Stapel Karteikarten an einen ruhigen Ort zurück, und schreiben Sie auf jede Karte ein Geschehnis.

Wenn ich mein Lauftraining absolviere, stecken in meiner Hosentasche immer Papier und Bleistift. Manchmal halte ich kurz inne, um etwas aufzuschreiben, sonst entschwindet der Gedanke.

Seien Sie immer darauf vorbereitet, Ideen festzuhalten. Tragen Sie stets ein kleines Diktiergerät oder Papier und Stift mit sich herum. Sammeln Sie Ihr eigenes Material. Dadurch werden Ihre Vorträge zu etwas Besonderem, Einmaligem. Natürlich können Sie auch auf Studienergebnisse und Berichte von Experten zurückgreifen (immer unter Angabe der Quellen, um nicht ein Plagiat zu begehen). All dies zeigt, daß Sie sich gut auf Ihren Vortrag vorbereitet haben.

Und noch etwas: Behandeln Sie Ihre Zuhörer als intelligente Leute, die sie sicher auch sind. Es gibt keinen Grund, herablassend zu sein, auch wenn Sie über Ihr Thema vielleicht außerordentlich viel wissen. Stimmen Sie Ihre Darbietung auf die Zuhörer und deren Bedürfnisse ab.

Einige zusätzliche Gedanken

Hören Sie Leuten zu, die häufig in der Öffentlichkeit reden. Besuchen Sie dazu Kirchen oder politische Versammlungen; gehen Sie zu Firmenveranstaltungen, bei denen Ihr Chef redet. Wenn Sie selbst Chef oder Chefin sind, nehmen Sie Aufsichtsratssitzungen oder Konferenzen als »Anschauungsunterricht«. Hören Sie sich Kassetten von großen Rednern an. Sie können auch einer Laienspielgruppe beitreten oder einen Rhetorikkurs belegen. Besuchen Sie verschiedene Aufführungen, und beobachten Sie, wie Entertainer Zuhörer in ihren Bann ziehen. Aber seien Sie sich bewußt, daß Sie als Redner nicht das Recht haben, Leute aus dem Publikum herauszupicken, wie dies in Shows manchmal der Fall ist!

Wenn Sie mit Ihren Zuhörern reden, benötigen Sie keine Gags oder Tricks, um ihre Aufmerksamkeit zu bekommen.

Zusammenfassung

- Feilen Sie an Ihrer Fähigkeit, in der Öffentlichkeit zu reden.
- Stimmen Sie Ihr Publikum ein, indem Sie vor Ihrem Vortrag Kontakt mit ihm aufnehmen.
- Stellen sie sich vor, schauen Sie auf die Namensschildchen, bewegen Sie sich durch alle Teile des Raumes.
- Bereiten Sie Ihr Material vor.
- Beginnen Sie Ihren Vortrag mit einer »aufsehenerregenden« kleinen Geschichte oder Statistik.
- Sammeln Sie täglich Anekdoten. Witzige, interessante, skurrile oder ironische Begebenheiten tragen sich ständig zu.
- Stimmen Sie Ihren Vortrag auf Ihre Zuhörer ab.
- Hören Sie sich andere Redner an, und beobachten Sie, wie Entertainer ihr Publikum zu fesseln vermögen.
- Üben Sie Ihren Vortrag, damit er so flüssig wie eine Konversation abläuft.
- Arbeiten Sie mit einem erfahrenen, qualifizierten Rhetoriklehrer.

11 Gutes Benehmen ist gut fürs Geschäft

Für erfolgreiche Menschen sind Umgangsformen sehr wichtig. Erwähnen Sie nur einmal die Worte »Etikette« oder »gute Manieren« in einer Gruppe von Geschäftsleuten und Managern – und in eine langweilig vor sich hin dümpelnde Konversation kommt auf einmal Leben. Wieso erregen solche altmodischen Begriffe ein so lebhaftes Interesse? Ein Grund ist, daß gutes Benehmen und Etikette vom Aussterben bedroht sind.

Viele Leute sind zu »beschäftigt« oder haben »Wichtigeres zu tun«, als sich an Höflichkeitsregeln zu halten, wie etwa wirklich zu antworten, wenn auf einer Einladung um Antwort gebeten wird, sich zu bedanken, sich korrekt vorzustellen, andere Menschen mit Respekt zu behandeln. Manchen Menschen, so scheint es, sind Tugenden wie Aufmerksamkeit und Rücksichtnahme nie beigebracht worden. Aber schlechte Manieren sind schädlich – sowohl für den Ruf als auch für den geschäftlichen Erfolg. Es ist nicht nett, die Gefühle anderer zu verletzten – und es ist auch keine gute Geschäftstaktik.

Das Gegenteil ist sogar der Fall. »Wenn Sie ein gutes Produkt oder eine gute Dienstleistung anbieten und ihre Kunden und Angestellten mit Höflichkeit und Respekt behandeln, wird Ihr Marktanteil ganz von selbst wachsen«, sagt Autor und Wirtschaftsguru Tom Peters.

Wie sollen wir uns auf einer Party, einem Empfang oder einer Konferenz benehmen? Die Antwort ist ganz einfach: tadellos. Aber was verstehen wir unter einem »tadellosen Benehmen«? Die Erwartungen sind ungefähr dieselben, die Eltern und Lehrer an Kinder stellen: Wir sollten

- die Benimmregeln kennen und
- sie mit Liebenswürdigkeit und Selbstverständlichkeit befolgen.

Wenn Sie die allgemein gültigen Anstandsregeln im gesellschaftlichen und beruflichen Leben noch nicht kennen, sollten Sie sich ein Buch zu diesem Thema kaufen oder leihen.

Ein Problem ist: Die Auffassungen über Benimmregeln und Manieren wandeln sich im Laufe der Zeit. Selbst Leute, denen in der Jugend gute Manieren im Elternhaus und in der Schule beigebracht worden sind, wissen heute manchmal nicht mehr, was richtig und was falsch ist. Es erscheinen ständig Bücher mit Titeln wie *Benimmregeln im 21. Jahrhundert, Der gute Ton im Beruf, Regeln für den Umgang mit dem andern Geschlecht, Netikette – Richtlinien fürs Internet* usw. Halten Sie sich auf dem laufenden!

Etikette und gute Manieren

Unter Etikette versteht man »die Gepflogenheiten und Regeln des gesellschaftlichen Umgangs im privaten oder im beruflichen Bereich«. Gewisse Verhaltensweisen werden immer noch als Norm betrachtet, und es ist sicher das beste, wenn Sie sowohl die modernen als auch die traditionellen Benimmregeln kennen.

Doch nur die Regeln zu kennen, genügt nicht. Was wir wirklich besitzen sollten, sind Umgangsformen, die von Höflichkeit, Wärme, Wohlwollen und gesundem Menschenverstand bestimmt sind. Manche Menschen befolgen alle Regeln der Etikette und haben trotzdem eine verletzende und herablassende Art.

Es gibt diese alte Geschichte über eine Gastgeberin, die bei einem festlichen Abendessen beobachtete, daß einer ihrer Gäste die falsche Gabel benutzte. Vor allen anderen Gästen wies sie ihn auf diesen Irrtum hin. Offensichtlich kannte diese Frau zwar die Regeln der Etikette, aber es fehlte ihr an Liebenswürdigkeit und Takt. Menschen mit Taktgefühl bringen andere nicht in eine peinliche Situation.

Ganz anders soll sich die legendäre Lady Astor verhalten haben: Als ihr Gast die falsche Gabel ergriff, nahm sie ebenfalls die falsche, um ihn nicht in Verlegenheit zu bringen.

Liebenswürdige Menschen mit Taktgefühl behandeln andere mit Respekt, so daß sich jeder wohl fühlt. Die Benimmregeln zu kennen ist eine Sache, wirklich an anderen Menschen interessiert zu sein und rücksichtsvoll mit ihnen umzugehen eine andere.

Bob Beck ist Vizepräsident eines großen Unternehmens. Auf die Frage, wer ihm in seiner beruflichen Laufbahn am meisten geholfen habe, warteten alle gespannt, wie wohl der Name dieses bedeutenden Menschen lauten würde. »Meine Mutter«, antwortete er. »Sie hat mich nicht nur gelehrt, daß ich das, was ich wirklich will, auch erreichen kann, sondern auch, wie man Menschen höflich behandelt.« Von einem Menschen mit dieser Einstellung können wir viel lernen.

Liebenswürdigkeit ist der Eckpfeiler des guten Betragens. In meinem Standardwörterbuch steht: »Liebenswürdigkeit ist Höflichkeit bei gleichzeitiger Beachtung der Gefühle und der Würde des anderen.«

Wenn Menschen sich in unserer Gegenwart wohl fühlen, sind wir bei jedem Anlaß gern gesehen und bleiben in guter Erinnerung ... aus den richtigen Gründen. Ein Psychologe und Kolumnist mehrerer Zeitungen schrieb kürzlich sogar, daß gute Manieren immer mit gutem Charakter verbunden seien. Gute Umgangsformen sind auf jeden Fall wichtig und sagen viel über uns aus.

Die Benimmregeln haben sich im Laufe der Zeit also verändert – und sie fahren fort, sich zu wandeln, und zwar in rasender Geschwindigkeit.

Zum Glück ist es möglich, den Überblick zu bewahren. Die sich verändernden Regeln und der vorhandene Wissensbedarf haben eine neue Branche hervorgebracht: Mittlerweile gibt es Bücher, Kolumnen, Seminare und sogar Software-Programme und Websites zum Thema Etikette. Die Nachfrage nach Experten, die uns zeigen, wie man sich im privaten und beruflichen Bereich richtig verhält, ist groß – dies erklärt wohl auch, warum meine Vorträge und Seminare sich in der Geschäftswelt solcher Beliebtheit erfreuen.

Übrigens behauptet ein amerikanisches Standardwerk zum Thema gutes Benehmen im Geschäftsleben, daß es zu 99 Prozent gesunder Menschenverstand und Freundlichkeit seien, die die guten Manieren im Umgang mit anderen Menschen ausmachen.

R.S.V.P. / U.A.w.g. im privaten Bereich

»R.S.V.P.« bedeutet »Répondez s'il vous plaît« und ist die französische Version von »Um Antwort wird gebeten«, kurz »U.A.w.g.«. Vorsicht: Wenn Sie trotz dieser Aufforderung nicht antworten, werden Sie künftig vielleicht nicht mehr eingeladen – zumindest nicht in mein Haus.

Eine Einladung mit dem Vermerk U.A.w.g. oder R.S.V.P. muß schlicht und einfach beantwortet werden. Etwas anderes ist dazu nicht zu sagen. Da eine weitverbreitete Nachlässigkeit bereits eingeplant wird, liegen den Einladungen oft schon Antwortkarten bei, auf denen mittlerweile auch Telefonnummer und E-Mail-Adresse angegeben sind. Es ist für den Gastgeber wichtig zu wissen, wie viele der Einladung tatsächlich folgen werden, damit er die Mengen für die Verköstigung der Gäste und den Raumbedarf abschätzen kann.

R.S.V.P. / U.A.w.g. im Berufs- und Geschäftsleben

Bei geschäftlichen Anlässen, wie Konferenzen, Tagungen und Banketten bestimmter Verbände oder Organisationen, sind Einladungen mit dem Vermerk R.S.V.P. etwas anders zu behandeln. Oftmals bedeutet dieser Vermerk, daß Sie sich vorher anmelden und im voraus bezahlen müssen. Wenn Sie sich anmelden, wird auch erwartet, daß Sie teilnehmen. Im allgemeinen brauchen Sie nicht anzurufen, um zu sagen, daß Sie nicht teilnehmen können – es sei denn, Sie müssen eine bereits gegebene Zusage zurückziehen.

Es gehört sich nicht, einfach hereinzuschneien. Wie oft habe ich an Mittagessen teilgenommen, bei denen viele allzu »beschäftigte« Leute (viel zu beschäftigt, um sich die Mühe zu machen, sich vorher anzumelden) in letzter Minute doch noch auftauchten. Das Buffet sah nach kurzer Zeit arg mitgenommen aus – und der Gastgeber ebenfalls. Der Alptraum eines jeden Gastgebers ist ein total geplündertes Buffet. Andererseits macht ein Buffet, von dessen Resten eine ganze Armee satt werden könnte, den Gastgeber auch nicht glücklich.

Wenn sich kurz vorher herausstellt, daß Sie doch kommen können, dann rufen Sie zumindest am Morgen des Ereignisses noch an.

Mehrere Kunden erzählten mir Schauergeschichten von Leuten, die aus Furcht, sich festlegen zu müssen, grundsätzlich keine Antwortkarten zurücksenden. Je nach Lust und Laune tauchen sie dann auf oder nicht. Von einer ganz anderen Erfahrung berichtete mir eine Frau: Zu ihrer Hochzeit kamen mindestens fünfzehn Leute, die per Antwortkarte ihre Zusage gegeben hatten, am Ende nicht. Das hat sie eine Menge Geld gekostet – und einige Freundschaften obendrein!

Zu antworten, wenn darum gebeten wurde, und sich an seine Zu- oder Absage dann auch zu halten, ist ein Zeichen von guten Manieren, gutem Geschäftsgebaren, Rücksichtnahme und Respekt.

R.S.V.P. / U.A.w.g. im Internet

Offenbar gibt es online mittlerweile Seiten, die es den Empfängern einer Einladung erlauben, die Liste der geladenen Gäste einzusehen und sich je nachdem zu entscheiden, ob sie die Einladung annehmen oder nicht. Das ist, ich gebe es ja zu, zeitsparend und praktisch, aber leider auch sehr unpersönlich. Diese Online-Einladungen und Seiten sind vielleicht nicht schlecht bei großen Parties. Ich hoffe aber, daß sie nicht die guten alten Einladungen zu Hochzeiten, Taufen oder Bar-Mitzwas verdrängen, die per Post kommen. Nur weil etwas einfacher ist, braucht es noch nicht richtig zu sein.

Vorstellungen

Viele Menschen sind gehemmt, wenn es darum geht, sich selbst oder jemand anderen vorzustellen. Sie wissen, daß es bestimmte Regeln gibt, aber diese fallen ihnen im entsprechenden Moment nicht ein. Nun stehen sie also zwischen zwei Menschen, die sie einander vorstellen möchten, und beginnen zu stottern: »Äh ... also, Peter, dies ist Susanne ... nein, Susanne, Peter. Mein Freund ... äh.« Bei einer solchen Vorstellung geht viel Herzlichkeit verloren.

Einfacher ist es, wenn der Gastgeber oder die Gastgeberin zum Empfang bereitstehen. Wenn Sie diese entdecken, gehen Sie direkt auf sie zu, begrüßen sie und stellen sich vor. Sagen Sie irgend etwas Informatives über sich selbst, das diese dann, wenn sie Sie weiter vorstellen, verwenden können. Wenn niemand zum Empfang bereitsteht, atmen Sie tief durch und verlassen sich auf die Strategien, die wir bereits besprochen haben. Wenn Sie jemanden sehen, der etwas mit der Ausrichtung des Ereignisses zu tun haben könnte, dann stellen Sie sich vor, in der Hoffnung, daß er Sie auch mit anderen bekannt machen wird.

Letitia Baldrige, die Autorin eines Benimmbuches, schreibt, daß man beim Vorstellen zunächst nur an eines denken soll, nämlich, es zu tun, »selbst wenn Ihnen ein Name oder die korrekte Vorgehensweise gerade nicht einfällt«. Sie gibt uns fünf Regeln an die Hand:

1. Stellen Sie die Jüngeren den Älteren vor.
2. Stellen Sie einen Kollegen Ihrer eigenen Firma einem Berufskollegen aus einer anderen Firma vor.
3. Stellen Sie einen inoffiziellen Teilnehmer einem offiziellen vor.
4. Stellen Sie ein Mitglied der mittleren Führungsebene einem Mitglied der oberen Führungsebene vor.
5. Stellen Sie einen Kollegen einem Kunden vor.

Das Prinzip: Die »weniger wichtige« Person wird der »wichtigeren« Person vorgestellt. (Wir wissen natürlich, daß Menschen alle gleichwertig sind, aber wir befassen uns hier mit willkürlichen gesellschaftlichen Spielregeln.) Was tun, wenn der Chef jünger ist als die Person, die Sie ihm vorstellen wollen? Verlassen Sie sich auf Ihren gesunden Menschenverstand, und beurteilen Sie die Situation jeweils von Fall zu Fall.

Hier einige Beispiele:

- »Herr Schneider, ich möchte Ihnen meine Tochter Simone vorstellen. Simone, dies ist Herr Schneider, der Präsident unserer Firma.«
- Herr und Frau Kaiser, darf ich Ihnen meinen Kollegen von Standard Oil vorstellen, Timothy Anderson? Tim, dies sind Herr und Frau Kaiser, gute Freunde meiner Eltern.«

Was das Erwähnen von Titeln betrifft, so sagt Letitia Baldrige: »Wenn man Leute gleichen gesellschaftlichen Ranges oder mit ähnlicher Ausbildung einander vorstellt, braucht man keine Titel zu nennen, es sei denn, es handelt sich um eine betagte Person oder jemanden mit Doktor- oder Professorentitel oder einem offiziellen Titel.« Mit anderen Worten: Sie können Titel wie Dr. Glasser, Bürgermeister Boxer, Pastor Paul oder Rabbi Weiner nennen, aber zwei neue Vizepräsidenten sind vielleicht einfach Herr Walker und Frau Winter.

Wenn Sie jemanden mit einem offiziellen öffentlichen Amt vorstellen, muß sein Titel genannt werden, selbst wenn er dieses Amt nicht mehr ausübt. So könnten Sie »Bürgermeister Koch« oder »der frühere Bürgermeister Koch« sagen, ebenso wie »Präsident Carter« oder »der frühere Präsident Carter«.

Es ist wichtig, sich bei Vorstellungen an die Regeln zu halten, trotzdem sollten Sie sich nicht zum Sklaven der Etikette machen. Ihre persönliche Ausstrahlung und Ihr Humor könnten darunter leiden. Es ist schon sehr viel wert, wenn Sie Ihr Anliegen zeigen, daß bestimmte Personen sich kennenlernen. Im Zweifel nennen Sie einfach nur die Namen und deuten an, wer die betreffenden Personen sind und was sie möglicherweise gemeinsam haben. Nennen Sie beim Vorstellen nie den Übernamen, es sei denn, der andere wünscht es explizit. So ist mein Name Susan und nicht Susy. Ich kenne Leute, die Robert, David, Elisabeth und Thomas heißen und es nicht mögen, als Bob, Dave, Betty oder Tom vorgestellt zu werden.

Die Crux mit den Namen

Jeder freut sich, wenn man sich an ihn erinnert – und zwar auch an seinen Namen. Sich alle Namen zu merken ist jedoch für Leute, die mit vielen Menschen zusammenkommen, fast unmöglich.

Der klassische Alptraum: Sie besuchen eine Benefizveranstaltung. Im Ballsaal des Hotels sind über zweihundert Menschen versammelt. Plötzlich kommt ein Mann auf Sie zu und ruft mit erfreutem Gesichtsausdruck: »Hallo, wie nett, Sie wieder einmal zu sehen!«

Ihre Gedanken überschlagen sich, Ihr Herz klopft, auf Ihrer Stirn perlen Schweißtropfen. Sie haben keine Ahnung, wer dieser Mensch ist. Was sollen Sie machen? So tun, als hätten Sie ihn nicht bemerkt? Auf dem Absatz kehrtmachen und in die andere Richtung laufen? Sich unter dem aufgebauten Buffet verstecken? Sich an die Brust schlagen und um Verzeihung flehen?

Natürlich nicht. Sagen Sie einfach die Wahrheit ... am besten mit ein wenig Humor. Sie können etwa sagen:

– »Entschuldigen Sie bitte. Heute ging es bei mir so drunter und drüber, daß ich mich kaum noch an meinen eigenen Namen erinnere.«

– »Bitte, helfen Sie mir. Ich habe gerade einen Blackout ... das passiert mir in letzter Zeit öfters, wahrscheinlich eine Alterserscheinung.«

Glauben Sie mir, keiner wird bei diesem entwaffnenden Eingeständnis antworten: »Ist mir egal, ich warte jetzt so lange, bis Ihnen mein Name einfällt!«

Lassen auch Sie nie jemanden zappeln, bis er sich an Sie und Ihren Namen erinnert. Sagen Sie sofort, wie Sie heißen, und zwar klar und deutlich. Geben Sie dem anderen einen Hinweis, wer Sie sind und wo Sie sich bereits einmal getroffen haben könnten.

Die Gedächtnisexpertin Dr. Joan Minninger, Autorin des Buches *Gutes Gedächtnis – das Erfolgsgeheimnis,* gibt einige Tips, wie Sie sich Namen besser merken können. Als erstes müssen Sie fest entschlossen sein, sich erinnern zu wollen. Weiter empfiehlt sie, daß wir unseren eigenen Namen nennen und den Namen unseres Gegenübers wiederholen, während wir ihm die Hand schütteln, denn dadurch, so sagt sie, werde der Erinnerungseindruck auch über unsere Muskeln verstärkt. Irgend etwas Ungewöhnliches in der äußeren Erscheinung eines Menschen, das wir uns einprägen und mit seinem Namen in Verbindung bringen, kann später unserem Gedächtnis ebenfalls auf die Sprünge helfen.

Dankesschreiben

Heute ist es nicht mehr die Regel, ein kurzes Dankeschön zu schreiben, aber es ist immer noch eine nette Geste, die von jedem Gastgeber und jeder Gastgeberin geschätzt wird. Angenommen, Sie hätten zehn Personen zum Abendessen eingeladen. Würden Sie sich nicht darüber freuen, wenn Ihnen einer der

Gäste hinterher für Ihre Mühe und den angenehmen Abend mit einem Kärtchen dankt?

Eine frühere Professorin und Beraterin für Benimmfragen meint: »Wenn ich mir die Zeit nehme, ein Essen zu planen, einzukaufen, sauberzumachen, zu kochen, zu servieren und hinterher wieder aufzuräumen, dauert dies vielleicht vier bis sechs Stunden! Mein Gast wird wohl einige Minuten aufbringen können, um ein paar Zeilen zu schreiben, in denen er sich bedankt.« Mit nur wenig Aufwand können Sie einen guten Eindruck hinterlassen, den man nicht so schnell vergessen wird.

Sollten wir diese Briefchen von Hand oder mit dem Computer schreiben? Handgeschriebene Briefe werden immer seltener, weil dies, so lauten die Klagen, für viele einfach zu lange dauert. Dabei sind sich die meisten Experten einig, daß handschriftliche Briefe mehr geschätzt werden. Sie werden als persönlicher und aufmerksamer empfunden. E-Mails eignen sich für kurze Bestätigungen, denen eine handgeschriebene Karte folgen sollte.

Die Großmutter einer Bekannten erzählte mir, wie sie ihrer Enkelin, einer Studentin, das schriftliche Bedanken beibrachte: »Vorletztes Jahr zu Weihnachten sandte ich Wendy den üblichen Scheck, worauf keinerlei Reaktion erfolgte. Im folgenden Jahr schickte ich nichts. Wendy rief daraufhin an und ließ mich wissen, daß der gewohnte Scheck zu Weihnachten nicht eingetroffen sei. Ich klärte sie auf: ›Weil du dich für mein letztes Weihnachtsgeschenk nicht bedankt hast, habe ich angenommen, daß du mein Geld nicht willst oder nicht brauchst.‹ Wendy entschuldigte sich vielmals. Ich habe es aber unterlassen, den Scheck nachzureichen. Dieses Jahr zeigte sie sich ihrer alten Oma gegenüber aufmerksamer. Nachdem sie ihr Weihnachtsgeschenk erhalten hatte, rief sie sofort an und sandte mir eine wunderschöne Karte, auf der sie sich auch noch schriftlich bedankte.«

Drei Tips für gutes Benehmen

1. Unsere Gastgeber dürfen erwarten, daß wir zum Gelingen des Anlasses auch etwas beitragen. Zumindest sollten wir Humor und gute Laune, Begeisterungsfähigkeit, Gesprächigkeit und ein paar Informationen mitbringen. Gehen Sie auf die Leute mit einem Lächeln zu, und begrüßen Sie sie herzlich. Schauen Sie Ihrem Gegenüber in die Augen, und laden Sie auch andere ein, am Gespräch teilzunehmen.
2. Lassen Sie die gute Stimmung nicht in Rauch aufgehen oder zu Asche zerfallen. Selbst wenn es an manchen Orten erlaubt ist, zu rauchen, mögen es viele Leute nicht. Nehmen Sie Rücksicht auf ihre Gefühle.
3. Beurteilen Sie die Leute nicht nach ihrem Äußeren. Sie können einer großen Täuschung erliegen.

Halten Sie sich auf dem laufenden, was den Wandel der Benimmregeln anbetrifft. Noch wichtiger ist es jedoch, taktvoll und liebenswürdig zu sein, Interesse für die anderen aufzubringen und sich zu bemühen, daß sie sich in unserer Gesellschaft wohl fühlen. Gutes Benehmen ist eine Mischung aus gesundem Menschenverstand und Freundlichkeit.

Behandeln Sie andere so, wie Sie selbst gerne behandelt werden möchten.

Zusammenfassung

- Gutes Benehmen ist gut fürs Geschäft
- Sie sind nie zu beschäftigt, um höflich sein zu können
- Nehmen Sie Rücksicht auf die Gefühle und die Würde des anderen

- Machen Sie sich mit den Benimmregeln bei Tisch, beim Vorstellen, als Gast und Gastgeber ebenso wie im virtuellen Raum vertraut
- Antworten Sie, wenn in einer Einladung darum gebeten wird, und halten Sie sich dann auch daran
- Einige Dankeszeilen sind ein Zeichen von Anerkennung, Wertschätzung und gutem Benehmen
- Bedanken Sie sich für Greifbares – Geschenke, Schecks, Mahlzeiten – und nicht Greifbares – Ideen, Hinweise, Ratschläge, Bezugsquellen oder ein offenes Ohr
- Kürzen Sie keine Namen ab, wenn Sie nicht dazu aufgefordert werden

12 Die Cocktailparty – mit Freude, Elan und Einfallsreichtum

Sie sind bestens vorbereitet. Sie kennen Ihre inneren Blockierungen und die entsprechenden Gegenmittel. Sie haben sich auf das Angenehme und die möglichen Vorteile dieser Einladung konzentriert. Sie haben sich zurecht gemacht und sich Ihre Strategien noch einmal durch den Kopf gehen lassen. Sie sind bereit, mit genau der richtigen Mischung von Charme und Charisma auf andere Menschen zuzugehen und mit ihnen Konversation zu machen. Sie sind taktvoll, liebenswürdig und beachten die Umgangsformen.

Nun ist es Zeit, Ihr Wissen und Ihre Kontaktfreudigkeit unter Beweis zu stellen. In den nächsten Kapiteln werden wir uns auf verschiedene Bereiche konzentrieren, bei denen Sie Ihre Fähigkeiten einsetzen können: die Cocktailparty oder die Benefizveranstaltung, das Klassentreffen, die Trauerfeier, die Handelsmesse, Bahn und Flugzeug, der virtuelle Raum – und die ganze sonstige Welt.

Die Cocktailparty dient der Pflege sowohl von Geschäftsbeziehungen als auch von gesellschaftlichen Kontakten. Sie leidlich zu überstehen ist gut – Spaß daran zu haben und das Beste daraus zu machen noch besser.

Cocktailparties sind Treffen, die etwa zwei Stunden lang dauern. Es werden dabei in der Regel Getränke und »Fingerfood« (kleine Häppchen, für die kein Besteck benötigt wird) angeboten. Von den Gästen wird erwartet, daß sie sich stehend unterhalten, und zwar mit möglichst vielen der Anwesenden. Es gibt drei wesentliche Anlässe für Cocktailparties:

- gesellschaftlich-private
- geschäftlich-berufliche
- wohltätige oder gemeinnützige

Die gesellschaftlich-private Cocktailparty

Die gesellschaftliche Cocktailparty feiert ein Comeback! Sie war eigentlich nie ganz verschwunden, doch heute ist sie beliebter denn je. Weil sie einfacher zu organisieren ist als ein feierliches Abendessen, macht sie es uns leichter, Kontakte zu pflegen oder gesellschaftlichen Verpflichtungen nachzukommen. Wir brauchen nicht gleich Köche und Kellner anzuheuern oder uns eine Woche mit der Planung und Vorbereitung eines 5-Gang-Menüs abzuplagen (wobei ich für meinen Teil sowieso lieber auf Catering zurückgreife).

Ausgiebige Abendessen, zu denen man sich an einen Tisch setzt, sind auch deshalb seltener geworden, weil wir gern selbst bestimmen wollen, was und wieviel wir essen. Wir nehmen uns gern ein Scheibchen von diesem und ein Gäbelchen von jenem. Wir lieben es, zu naschen, Unbekanntes zu probieren und Unterschiedliches miteinander zu kombinieren.

Die gesellschaftliche Einladung zur Cocktailparty wird vielleicht zu einem bestimmten Anlaß, etwa zu Feiertagen oder bestimmten Festen, ausgesprochen. Möglicherweise ist eine Verlobung der Grund, eine Hauseinweihung oder eine bestandene Prüfung. Oder die Gastgeberin hatte einfach Lust, eine Party zu veranstalten und Freunde einzuladen.

Ich beispielsweise habe meine Freunde und Kollegen zum

zehnten »Geburtstag« meines Buches zu einer Cocktailparty ins Restaurant eingeladen. Bis hin zu den passenden Servietten war alles perfekt organisiert, und ich brauchte nicht zu kochen und aufzuräumen.

Wenn Sie schriftlich eingeladen werden, wird man Sie wahrscheinlich um eine Antwort bitten, die Sie auch unbedingt geben sollten. Für meine Party benötigte das Restaurant die genaue Zahl der Teilnehmer. Drei Leuten mußte ich anrufen, weil ich von ihnen keine Nachricht erhalten hatte. Werde ich sie zu meiner nächsten Party einladen? Vielleicht, vielleicht auch nicht. Wenn Ihr Gastgeber auf der Einladung bestimmte Kleidungswünsche äußert (kostümiert, festlich, zwanglos o. ä.), sollten Sie sich daran halten. Die Gastgeber haben sich die Mühe gemacht, die Party auszurichten, und sie sollten nicht die einzigen sein, die sich in Römertoga oder Abendrobe werfen.

Wenn Sie nicht gleich an der Tür von einem Bekannten in Beschlag genommen werden, müssen Sie zunächst einmal bei den Gastgebern haltmachen. Es ist Aufgabe des Gastgebers oder der Gastgeberin, Sie in Empfang zu nehmen, zu begrüßen und anderen vorzustellen. Gute Gastgeber sagen immer ein paar informative Worte über den Gast, so daß ein Gespräch schneller in Gang kommt.

Wenn Sie nun ein wenig Konversation machen, vergessen Sie nicht, daß eine Party dazu da ist, möglichst viele Leute kennenzulernen. Bewegen Sie sich also durch den Raum und stellen Sie sich den Freunden Ihrer Gastgeber vor. Es ist unhöflich, sich an eine Person zu hängen und den Rest des Abends mit ihr zu verbringen.

Ein Tip für Gastgeber: Plazieren Sie das Essen und die Getränke an verschiedenen Stellen des Raumes. Dies bringt die Gäste von alleine in Bewegung.

Bei einer privaten Cocktailparty können Sie als Gast immer

auf die Frage »Woher kennen Sie die Gastgeber?« als Gesprächseinleitung zurückgreifen.

Natürlich haben Sie auch vor dieser (privaten) Party das Haus nicht verlassen, ohne sich mit Ihren Visitenkarten eingedeckt zu haben. Vielleicht begegnen Sie dem wichtigsten Kunden des Jahres, einem Menschen, der ein guter Freund werden könnte, oder jemandem, der Lust hätte, die Fußballmannschaft Ihrer Tochter zu trainieren.

Auch wenn Sie gar keine geschäftlichen Kontakte im Sinn haben, sondern – wer weiß? – eine Romanze, können Sie sich doch durch Visitenkarten besser in Erinnerung bringen als durch eine schmutzige Papierserviette, auf der Ihre Telefonnummer steht. Sie möchten doch nicht, daß Ihre neue Beziehung so stillos beginnt?

Und vergessen Sie nicht, sich beim Verlassen der Party bei Ihren Gastgebern zu bedanken.

Die geschäftlich-berufliche Cocktailparty

Diese Parties können wie folgt konzipiert sein:

1. Der Empfang findet vor einer Konferenz oder einem Geschäftsessen statt und hat keinen eigentlichen Gastgeber.
2. Es handelt sich um eine Büroparty, auf der alles mögliche gefeiert werden kann, vom Geburtstag oder Feiertag bis zum Gang an die Börse.
3. Kollegen und Geschäftspartner treffen sich zu »geselligem Beisammensein«, das oft unter der Schirmherrschaft der Handelskammer oder einer ähnlichen Organisation steht.

Der Empfang ohne eigentlichen Gastgeber

Der Empfang ohne eigentlichen Gastgeber dauert gewöhnlich 45 Minuten bis zu einer Stunde und findet vor einer Konferenz oder vor einem Essen statt. Mit der Anmeldung für die Konferenz oder das Essen melden Sie sich gleichzeitig für den Empfang an. Gewöhnlich gibt es irgendwo eine Bar, an der man sich trifft.

Ein solcher Empfang bietet eine gute Gelegenheit, alte Kontakte aufzufrischen und neue Leute kennenzulernen, die als Gäste dort sind. Auch Sie können Gäste mitbringen, die sich dafür interessieren, dem Verband oder der Organisation beizutreten. Gehören Sie selbst zu den Gästen, so ist dies der geeignete Zeitpunkt, mehr über die Organisation herauszufinden. Für Mitglieder und für Gäste ist es eine großartige Gelegenheit, Kontakte zu knüpfen und zu pflegen.

Manchmal ersetzt ein Begrüßungskomitee den nicht vorhandenen Gastgeber. Stellen Sie sich einem Mitglied dieses Komitees vor, er oder sie wird bestimmt eine Person finden, mit der Sie bekanntgemacht werden. Danach sind Sie jedoch auf sich selbst angewiesen. Jetzt gilt es sich an das zu besinnen, was Sie gelernt haben: Lächeln Sie herzlich, und gehen Sie mutig auf andere zu.

Einen Anknüpfungspunkt für ein Gespräch zu finden ist bei solchen Anlässen nicht schwierig. Wenn Sie Gast sind, können Sie Fragen stellen – etwa über die Organisation und über die verschiedenen Möglichkeiten, Mitglied zu werden. Wenn Sie bereits Mitglied sind, dann ist dies eine gute Gelegenheit, alte Kontakte aufzufrischen und neue Leute zu treffen, die auf demselben Gebiet tätig sind. Nehmen Sie sich auf jeden Fall auch der Gäste und neuen Mitglieder an, damit diese sich willkommen und wohl fühlen.

Spezielle Methoden, Gespräche in Gang zu bringen

Bieten Sie den Leuten etwas, über das sie reden können. Ich trage zum Beispiel immer eine besondere Anstecknadel: einen Stern, ein Telefon, einen Frosch ... und werde prompt darauf angesprochen. Die frühere amerikanische Außenministerin Madeleine Albright pflegte auffallende Broschen zu tragen, die zu einer Bemerkung einluden.

Bei Männern kann manchmal die Krawatte für Gesprächsstoff sorgen. Wenn Sie also auf einer Cocktailparty eine außergewöhnliche Anstecknadel, Brosche oder Krawatte sehen – sprechen Sie die Besitzerin oder den Besitzer darauf an. Betrachten Sie es als eine Einladung, Kontakt aufzunehmen!

Vergessen Sie nie: Es sind berufliche Gründe, weswegen Sie an diesem Empfang teilnehmen. Sie müssen tun, was für das Geschäft wichtig ist, nämliche neue Kontakte knüpfen und alte pflegen und festigen. Für andere zugänglich zu sein ist dabei genauso wichtig, wie auf andere zuzugehen. Nichts geht über ein freundliches Lächeln und Blickkontakt.

Das Essen: Setzen Sie sich hin, sonst schaukelt das Boot!

Die erste Regel: Setzen Sie sich nicht zu Leuten, die Sie bereits kennen. Um alte Freundschaften zu pflegen, hätten Sie auch in die nächste Pizzeria gehen können. Jetzt haben Sie die Chance, sieben bis neun neue Leute kennenzulernen, mit denen Sie etwas gemeinsam haben. Lassen Sie sich diese Gelegenheit nicht entgehen!

Stellen Sie sich der Gruppe am Tisch vor, und bitten Sie die anderen, dasselbe zu tun. Dies erfordert etwas Mut, aber es lohnt sich meistens. Derjenige, mit dem Sie am liebsten reden möchten, sitzt vielleicht am anderen Ende des Tisches und nicht direkt neben Ihnen. Wenn Sie sich nicht allen vorgestellt hätten, hätten Sie das möglicherweise nicht gemerkt. Nach dem Essen bietet sich unter Umständen die Gelegenheit, sich noch intensiver mit ihm zu unterhalten.

Zu diesen Anlässen tragen Sie gewöhnlich das, was Sie auch im Büro zu tragen pflegen. Nur rund um Festtage kann die Kleidungsfrage etwas problematischer sein. Vor einigen Jahren besuchte ich die Weihnachtsfeier des örtlichen Berufsverbandes. Ich trug ein elegantes Kostüm, während eine andere Frau im trägerlosen langen Abendkleid erschien. Offensichtlich war eine von uns unpassend angezogen! Ich habe nie herausgefunden, wer. Ziehen Sie im Zweifelsfall im Vorfeld Erkundigungen ein.

Die Büroparty

Auch wenn wir manchmal versucht sind, dies zu vergessen: Die Büroparty gehört zum Berufs- oder Geschäftsbereich – trotz einer förmlichen Einladung, Musik, Tanz und der improvisierten Bar in der Kaffeeküche.

Wenn auch Kunden dabei sind, sind Sie, selbst ohne Chef oder Firmeninhaber zu sein, automatisch ein Gastgeber. Einmal wurde ich gebeten, bei einem Fest, das eine Anwaltskanzlei für ihre Klienten und potentiellen Kunden gab, einen Vortrag zu halten. Ich traute meinen Augen nicht: Die Anwälte des Hauses unterhielten sich untereinander! Was für eine Vergeudung an Zeit und Geld! Betragen Sie sich wie ein Gastgeber, und Ihre Gäste werden sich willkommen fühlen.

Achten Sie darauf, nicht zu viel Alkohol zu trinken und keine zweideutigen Geschichten oder schlüpfrigen Witze zu erzählen. Halten Sie sich an die Regeln, die im Geschäftsleben üblich sind, selbst wenn Ihre Mitarbeiter mit Lampenschirmen auf dem Kopf um die Schreibtische herumhopsen. Das Büro ist dazu sicherlich nicht der geeignete Ort.

Auch bei Firmenweihnachtsfeiern wird gern über die Stränge geschlagen. Mir sind eine ganze Reihe von Geschichten über heiße Flirts und wüste Trinkgelage (bis zur Übelkeit und zum Blackout) zu Ohren gekommen, die später eine Zurückstufung bei Beförderungen oder sogar den Verlust des Jobs zur Folge hatten. Denken Sie daran: Auch diese Feier gehört zu Ihren beruflichen Verpflichtungen. Sie dürfen mit der Aussicht auf die kommenden Festtage natürlich ein paar vergnügliche Stunden erleben, aber überschreiten Sie niemals die Grenzen der Vernunft oder des guten Geschmacks.

Eine heitere Stimmung und ein flottes Tänzchen sind bei Büroparties durchaus angebracht. Eng umschlungenes Tanzen sollten Sie sich jedoch für die private Party aufsparen. (Wenn es sich bei dem Anlaß um ein »Dîner dansant« handelt und Sie befürchten, auf dem Tanzparkett keine gute Figur abzugeben, könnten übrigens ein paar Tanzstunden aus der Klemme helfen).

Büroparties oder Firmenfeste sind eine gute Gelegenheit, die Kollegen einmal in einer entspannteren Atmosphäre kennenzulernen. Und es bietet vielleicht auch die Möglichkeit, sich denjenigen erkenntlich zu zeigen, die Ihnen einmal besonders geholfen, Mut gemacht oder Sie unterstützt haben.

Eheliche Unterstützung

Ehepartner, die an einer Büroparty teilnehmen, sollten als eigenständige Wesen und nicht als bloße Anhängsel der Arbeitskollegen oder -kolleginnen gesehen werden. Versuchen Sie etwas über deren Interessen herauszufinden, damit sich das Thema nicht nur um den Kollegen oder die Kollegin und die Arbeit, die sie beide verrichten, dreht.

Die meisten Ehefrauen sind heute selbst berufstätig oder sozial engagiert und haben vielleicht dieselben Interessen wie Sie.

Und noch etwas: Achten Sie auch darauf, wie Sie sich Ihrem eigenen Ehepartner gegenüber verhalten. Niemand möchte Zeuge von Herabsetzungen und Kränkungen werden. Ich mußte mir so etwas schon anhören, und, ich kann Ihnen sagen, es war für alle höchst unangenehm.

Geschäftliches »geselliges Beisammensein«

Vielleicht bekommen Sie einmal eine Einladung zu einem zwanglosen Treffen nach Büroschluß. Ein solches Treffen gibt Ihnen Gelegenheit, sich wieder einmal zu zeigen und andere Geschäftsleute in Ihrer Stadt zu sehen.

Die Teilnehmer kommen gewöhnlich etwa einmal im Monat zusammen, und die Treffen sind für Mitglieder und Gäste offen. Was alle Teilnehmer verbindet:

- die Mitgliedschaft in der Organisation und
- gemeinsame Geschäftsinteressen

Allein diese beiden Punkte bieten eine Fülle von Gesprächsstoff.

Studien haben gezeigt, daß es leichter ist, sich an den Beruf eines Menschen als an seinen Namen zu erinnern. Wenn Geschäftsleute sich treffen, dann sprechen sie gewöhnlich über ihre Arbeit. Das ist kein Zufall. Wenn wir Leute treffen, die aus derselben Branche kommen wie wir, so ist das eine der besten Gelegenheiten, für uns selbst Werbung zu machen – wenn wir wissen, wie man das anstellt. Ich besuche regelmäßig die Meetings der Handelskammer von San Francisco und bekomme dabei immer viele gute Ideen. Schon oft habe ich bei diesen Anlässen Menschen getroffen, die später zu guten Freunden oder geschätzten Geschäftspartnern geworden sind. Durch den Besuch dieser Meetings bin ich viel bekannter geworden als durch teure Werbekampagnen. Zudem habe ich viel Stoff für meine Arbeit gesammelt.

Das gesellige Beisammensein außerhalb der Bürozeiten ist gewöhnlich nicht dazu da, um Verträge abzuschließen. Es ist eine Gelegenheit, Leute zu treffen und besser kennenzulernen, Gemeinsamkeiten zu entdecken und sich gegenseitig – vielleicht auch nur moralische! – Unterstützung zu geben. Auch wenn manche Verkaufsexperten dies anders sehen – für mich ist es vor allem eine Gelegenheit, Beziehungen zu pflegen, und nicht, ein Geschäft zum Abschluß zu bringen.

Wen man kennt und mag und wem man vertraut, mit dem macht man auch gern Geschäfte. Wiederum sind gute Umgangsformen, liebenswürdiges Auftreten und Herzlichkeit der Schlüssel zu den Herzen der Menschen.

Für Sie selbst ist es wichtig, daß Sie sich über Ihre Absichten im klaren sind und sie zielstrebig verfolgen; für andere ist Ihre Ausstrahlung entscheidend: Wärme, Offenheit und Begeisterungsfähigkeit.

Aber Vorsicht – es ist unmöglich, Menschen in den ersten sechzig Sekunden zu beurteilen. Wir reagieren lediglich auf Ihre Stimme, Ihre Mimik, Ihre Gesten, Ihre Bemerkungen und Ihren Kleidungsstil. Wir wissen nichts über ihr gutes Herz, ihr soziales Engagement, ihre Familie und ihre Freunde. Genauso wenig wissen wir über ihre schlechten Seiten, ihre Mißachtung der Gesetze oder ihre Unhöflichkeit Mitarbeitern gegenüber. Es ist nicht möglich, jemanden in einer Minute zum Freund oder Feind zu erklären.

Die Wohltätigkeits- oder Benefizveranstaltung – Geld her oder ...?

Eine andere Art von Cocktailparty oder -empfang ist die Benefiz- oder Wohltätigkeitsveranstaltung. Ziel und Zweck dieses Anlasses ist es, Spenden für eine bestimmte wohltätige oder gemeinnützige Organisation zu sammeln. Manchmal wird auch für eine Wahlkampagne um Spenden gebeten.

Carl, einer meiner Bekannten und Präsident eines Industriebetriebs, muß viele solcher Veranstaltungen besuchen. Er sagt: »Nach einem harten Arbeitstag habe ich selten Lust, zu Cocktailparties oder Empfängen zu gehen. Doch wenn ich dann einmal da bin, komme ich meinen Verpflichtungen nach und versuche, dabei auch noch Spaß zu haben.«

Wenn wir sichtlich Spaß haben und uns wohl fühlen, stekken wir andere mit unserer guten Laune an. Diese suchen dann meist unsere Gesellschaft – und sie möchten auch gern mit uns ins Geschäft kommen.

Carls Tips, wie solche Veranstaltungen zu einem Erfolg werden:

- Überlegen Sie sich, mit wem Sie unbedingt sprechen wollen.
- Geben Sie den Leuten nicht das Gefühl, einzig und allein hier zu sein, um mit ihnen Kontakt aufnehmen zu können.
- Reden Sie nicht unbedingt über Geschäftliches. Knüpfen Sie den Kontakt, versuchen Sie, ein Gespräch in Gang zu bringen, und vergewissern Sie sich, daß den entsprechenden Personen klar ist, wer Sie sind.
- Auch wenn der andere sich gern mit Ihnen unterhält, belegen Sie ihn nicht die ganze Zeit über mit Beschlag.
- Wenn ein guter Kontakt entstanden ist, tauschen Sie Visitenkarten aus.

– Gehen Sie den neu geknüpften Kontakten später weiter nach!

»Wenn Sie sich gut vorbereitet haben, wird die Veranstaltung für Sie zu einem Erfolg«, sagt mein Bekannter, »aber Sie dürfen niemals jemanden ignorieren. Jeder Teilnehmer dieser Party könnte Ihnen geschäftlich oder beruflich nützen. Es ist also sehr wichtig, jedem freundlich und mit Respekt zu begegnen.«

Wieder sind es ehrliches Interesse am anderen und gutes Benehmen, die uns weiterbringen.

Nicht den Richter über andere spielen!

Seien Sie vorsichtig mit öffentlichen (Vor-)Urteilen über andere. Ein Kollegin gehörte gemeinsam mit Prominenten und »Möchtegern-Persönlichkeiten« einem Ausschuß der Oper von San Francisco an. Die Überheblichkeit mancher dieser Leute ist ihr in Erinnerung geblieben: »Ich liebe die Oper und opfere dieser Kunst gerne meine Zeit und Energie. Was mir jedoch dort an Intoleranz begegnete, konnte ich unmöglich hinnehmen.« Achten Sie also darauf, den anderen nicht aus den falschen Gründen im Gedächtnis zu bleiben.

Party und Politik

Bei Spendensammlungen, die veranstaltet werden, um einen Kandidaten bei der Bewerbung um ein politisches Amt zu unterstützen, wird von den Teilnehmern der Party eine bestimmte Summe erwartet. Die Gründe, warum wir einem Kandidaten Geld zukommen lassen, können so verschieden sein wie die Zahl der Anwesenden. Allen Teilnehmern gemeinsam ist jedoch das Interesse am Kandidaten oder am Erfolg seiner Partei.

Oft wird ein Unterhaltungsprogramm mit berühmten Namen geboten, doch was vor allem Ihr Interesse wecken sollte, ist die Aussicht, den Kandidaten persönlich kennenzulernen. Wenn der Politiker den Anlaß als eine Gelegenheit zur Kontaktpflege begreift, was eigentlich anzunehmen ist, und Sie sich nicht hinter irgendwelchen Vorhängen verstecken, sollte Ihre Erwartung auch erfüllt werden. Machen Sie das beste daraus. Nähern Sie sich in einem günstigen Moment, stellen Sie sich vor und sagen Sie möglichst etwas, was seine Aufmerksamkeit erregt – wobei Sie sich allerdings kurz fassen sollten. Der Politiker wechselt sicher gerne ein paar Worte mit Ihnen, aber er weiß, daß noch viele darauf warten, dies ebenfalls zu tun. Durch eine geistreiche oder witzige Bemerkung gelingt es Ihnen möglicherweise, in seinem Gedächtnis haften zu bleiben.

Wir gehen üblicherweise davon aus, daß es allen Politikern leichtfällt, auf Menschen zuzugehen, Kontakte zu knüpfen und Gespräche in Gang zu bringen. Dies stimmt jedoch nicht immer. Politiker haben mit denselben inneren Blockierungen zu kämpfen wie wir anderen auch. Auch sie sind zu 88 Prozent schüchtern. Nur hängt ihr Überleben auf der Politbühne davon ab, ob sie diese Blockierung überwinden lernen – und sie wären nicht da angelangt, wo sie sind, wenn ihnen dies nicht zu einem großen Teil gelungen wäre.

Können Sie sich einen Politiker vorstellen, der Mutters Ratschlag »Sprich nicht mit Fremden« wörtlich nimmt? Dieser Politiker wäre von vornherein zum Mißerfolg verdammt. Und möchten Sie zu seinen Anhängern zählen? Sie müssen doch erst einmal seine Bekanntschaft machen, bevor Sie ihm von den Schlaglöchern in Ihrer Straße berichten können.

Ein früherer Bürgermeisterkandidat in San Francisco erzählte mir einmal: »Bei einer zu meinen Gunsten veranstalteten Spendenaktion unterstützten mich die Anwesenden zum Glück optimal. Ich mußte zwei bis vier Unterhaltungen auf einmal bestreiten mit Leuten, die eigentlich ein paar Worte mit mir allein austauschen wollten. Ich glaubte, jedem diese Aufmerksamkeit zu schulden, und versuchte, allen gerecht zu werden. Es war Schwerstarbeit. Bei einer Veranstaltung, die für jemand anderen organisiert wird, verhalte ich mich natürlich anders. Es wäre schlechter Stil, wenn ich dort aufstehen, von Tisch zu Tisch gehen und mich in den Mittelpunkt stellen würde. Wir müssen wissen, was sich gehört, und den Regeln und den Menschen Respekt zollen.«

Von diesen Worten können auch wir »Nicht-Politiker« lernen. Wenn bei einem Ereignis jemand anderer die Hauptrolle spielt, sollten wir uns nicht in den Vordergrund drängen und der betreffenden Person die Schau stehlen.

Was können wir von einem Politiker lernen, der es schafft, seine Mitmenschen zu begeistern und für sich zu gewinnen? Über das hinaus, worum wir uns alle bemühen – Augenkontakt, Lächeln, eine Berührung, ein Händeschütteln, Humor, ein persönliches Wort mit jedem Anwesenden, aufmerksames Zuhören, ein herzliches Lachen –, zeichnet ihn folgendes aus: Man sieht ihm an, daß er selbst diesen Anlaß am meisten genießt! Der Kontakt mit Menschen darf keine lästige Pflicht sein, sondern ein Vergnügen. Wer es wirklich genießt, mit anderen Menschen zusammenzusein, braucht kaum darüber nachzudenken, wie man es anstellt, Kontakte zu knüpfen. Er tut unwillkürlich »das Richtige«, weil er möchte, daß sich die Menschen in seiner Umgebung wohl fühlen. Die anderen spüren das und reagieren entsprechend.

Zusammenfassung

Die Cocktailparty – privat, beruflich oder als Spendensammelaktion – ist eine tolle Gelegenheit, neue Freunde und Kontakte zu gewinnen, alte Bekanntschaften wieder aufzufrischen – und Spaß zu haben.

Vergessen Sie nie
- Ihre Geschäfts- oder Visitenkarten
- Ihr Lächeln
- Ihre Zielsetzung
- Ihren Sinn für Humor
- Ihren Verstand, Ihre Weisheit und Ihr Interesse für andere
- Ihre Gesprächsanknüpfungspunkte, wie Anstecknadel, Krawatte, Schmuck, Hut (falls angemessen)
- Ihre guten Manieren

Achten Sie auf
- die Anlage des Raumes
- Gesprächs- und Gruppendynamiken

Verabschieden Sie sich von
- Vorurteilen
- Überheblichkeit
- Egozentrik

13 Das Klassentreffen – kein Grund zur Sorge

Wußten Sie, daß nichts mehr motiviert, sich ein paar Pfunde oder Kilos abzuhungern, als ein bevorstehendes Klassentreffen? Fragen Sie doch einmal jemanden, der an einem solchen Anlaß teilgenommen hat. Meine letzte Klassenzusammenkunft hat mich veranlaßt, mich drei Wochen einer strikten Diät zu unterwerfen und mir folgende Fragen zu stellen:

Warum sollte jemand, der ohnehin sehr beschäftigt ist, mehrere Tage sein Geschäft und sein Heim verlassen, nur um eine Reise in die Vergangenheit anzutreten? Warum soll jemand mit gesundem Menschenverstand Hunderte von Kilometern reisen, um seine alten Klassenkameraden wiederzusehen? Der Grund, warum ich es tat, waren Neugierde, Sentimentalität, Geschäftsinteresse und eine immer noch bestehende Zuneigung zu der verschworenen Gemeinschaft von damals.

Das Treffen belohnte mich dann für jede Sekunde des Zitterns und Zagens. Ich amüsierte mich köstlich, und viele alte Freundschaften wurden zu neuem Leben erweckt. Außerdem gab es noch einen angenehmen, wenn auch nicht unbedingt beabsichtigten Nebeneffekt: Ich wurde gebeten, Vorträge in einigen der Firmen meiner ehemaligen Klassenkameraden zu halten.

Gehen Sie einfach hin!

Bei einem Klassentreffen haben Sie es nicht mit Fremden zu tun. Dies ist für viele von uns schon einmal beruhigend. Sie haben mit diesen Menschen auf jeden Fall etwas gemeinsam – auch wenn es nur der von allen gefürchtete Mathelehrer aus längst vergangener Zeit ist.

Für andere ist genau dies der Haken. Die Einladung zum Klassentreffen rührt vielleicht alte Gefühle von Schmerz und Unsicherheit auf. (Wer war mit siebzehn schon wirklich selbstsicher und gelassen?) Die Angst vor Vergleichen treibt uns um: Wer kann mehr Erfolge in beruflicher, sozialer, privater oder finanzieller Hinsicht aufweisen? Und dann ist da noch das Problem mit den angefutterten Pfunden – und zwar sowohl bei Männern als auch Frauen.

Die bloße Vorstellung, freiwillig irgendwohin zu gehen, um alte Zeiten heraufzubeschwören, ist schon etwas beunruhigend. Wird es nicht sehr ernüchternd sein, den ehemaligen Fußballstar mit Bierbauch und schütterem Haar zu erleben? Oder entdekken zu müssen, daß die ehemals ranken und schlanken Klassenschönheiten rundlich geworden sind?

Und die anderen – vielleicht haben sie sich schon monatelang darauf gefreut, in unserem Privatleben herumzuschnüffeln und Dinge zu entdecken, die nicht gerade perfekt sind? Werden sie die Bankauszüge der letzten sechs Monate einsehen wollen oder alle Einzelheiten über jene erste mißglückte Verabredung nach Ihrer Scheidung wissen wollen? Wahrscheinlich nicht.

Im Grunde möchten wir alle unsere alten Freunde und Kameraden ganz gern einmal wiedersehen. Trotz der vorausgegangenen Ängste, trotz der monatelangen Hungerkuren und Trimm-Dich-Übungen, trotz der mulmigen Gefühle, denjenigen wiederzusehen, mit dem sie damals »fast zu weit gegangen« wären, und trotz des Aufwandes an Zeit und Geld haben die meisten an solchen Wiedersehensfeiern schließlich viel Spaß und würden sie am liebsten morgen noch einmal wiederholen!

Am Ende gibt es Gott sei Dank kaum jemand, der es nicht schafft, seine Panik vor dem Klassentreffen zu überwinden. Schließlich hören wir auf, uns den Kopf zu zerbrechen, was um Gottes willen wir anziehen, wie wir uns verhalten, was wir sagen sollen und wieviel wir wiegen – und gehen einfach hin.

Mißmutige, schwierige Jugendliche verwandeln sich später oft in liebenswürdige, umgängliche Erwachsene. Vielleicht entdecken Sie beim Klassentreffen, daß in Ihren Mitschülern von damals ganz andere, wirklich faszinierende Persönlichkeiten stecken!

Außerdem: Jetzt, wo Sie wissen, wie man es anstellt, auf Menschen zuzugehen und mit ihnen zu kommunizieren, werden Sie vielleicht einige neue Freunde hinzugewinnen, mit denen sie zugleich eine gemeinsame Vergangenheit verbindet. Sie brauchen nicht viel über Ihre Herkunft und Ihre Familie zu erzählen, weil das meiste schon bekannt ist.

Und schließlich entdecken Sie vielleicht sogar, daß Sie mit ihrer früheren Banknachbarin auch geschäftlich einiges gemein haben, woraus sich für beide Seiten etwas Fruchtbares ergeben könnte.

Wie wird das Klassentreffen zu einem Erfolg?

Ich selbst habe an unserem Klassentreffen hauptsächlich teilgenommen, um mit alten Freunden und Freundinnen nach zwanzig Jahren wieder Kontakt aufzunehmen und, offen gestanden, um zu sehen, was aus allen geworden ist. Zugleich habe ich Geschäftsinteressen nicht gänzlich ausgeschlossen.

Außerdem sind die Möglichkeiten, geschäftliche Kontakte zu knüpfen, nicht auf Ihre früheren Klassenkameraden beschränkt. Wenn Sie in Ihre Heimatstadt reisen, überlegen Sie auch, welche anderen potentiellen Kontakte Sie dort knüpfen oder pflegen können. So habe ich zum Beispiel eine Buchsignierstunde arrangiert und einen Termin mit einer dort ansässigen Firma vereinbart.

Ich habe nicht vergessen, zum Klassentreffen auch Geschäftskarten mitzunehmen. Selbst wenn Sie nur private Kontakte pflegen wollen, ist es besser, Karten auszutauschen, als Ihre Adresse oder Telefonnummer auf eine gebrauchte Serviette zu kritzeln.

Natürlich sollte bei einem Klassentreffen der geschäftliche Aspekt nicht im Vordergrund stehen. Sie riskieren sonst, den Eindruck einer »beinharten«, berechnenden Geschäftsfrau zu hinterlassen. Andererseits sind diese Zusammenkünfte eine ausgezeichnete Gelegenheit, verlorengegangene Kontakte wieder aufzunehmen und zu pflegen – wir alle machen lieber Geschäfte mit Leuten, die wir kennen, mögen und denen wir vertrauen. Nun, im Zeitalter der E-Mails können, wir unsere Karten austauschen und die Verbindung sogar zum Preis eines Ortsgesprächs aufrechterhalten!

Ich stellte mich vor dem Anlaß darauf ein, Geschäftskontakte zu knüpfen und mich zu amüsieren – und beides gelang mir! Mit den Erinnerungen an die »gute alte Zeit« wurden alte Freundschaften erneuert, und hinzu kam die aufregende Perspektive neuer geschäftlicher Beziehungen.

Wenn Sie bei Ihrem Klassentreffen sowohl Spaß haben als auch geschäftliche Kontakte knüpfen wollen, sollten Sie folgendes beachten:

- Überlegen Sie sich, mit wem Sie gern intensivere Kontakte pflegen möchten, und halten Sie sich dann auch daran.
- Nehmen Sie schon vor dem Treffen mit einigen Leuten Kontakt auf, um Ihr Interesse an ihnen zu zeigen.
- Bereiten Sie eine witzige und interessante Selbstvorstellung vor, die etwas über Sie und Ihren Beruf aussagt.
- Bitten Sie Ihren Gesprächspartner darum, Ihnen einige Hinweise zu seiner Person zu geben, und geben auch Sie ihm einige Stichworte zu sich selbst.

Vermeiden Sie es, ununterbrochen über sich selbst zu reden, und stoßen Sie auch niemanden vor den Kopf mit einer unangemessenen aggressiven »Verkaufspolitik«. Hauptgrund für Ihre Teilnahme ist und bleibt natürlich das Wiedersehen mit den Kameraden und Kameradinnen von damals.

Die Vorbereitungen: eine Woche, um zwanzig Pfund abzunehmen?

Stellen Sie sich rechtzeitig auf das Treffen ein. Sie brauchen mehr als eine Woche, um zwanzig Pfund abzuspecken, und mehr als die paar Stunden an Ihrem Abreisetag, um sich vorzubereiten – körperlich, seelisch und im Hinblick auf Ihre geschäftlichen Absichten. Konzentrieren Sie sich bei Ihrer Vorbereitung auf folgende Punkte:

Einstellung

Nehmen Sie sich einfach vor, sich gut zu unterhalten, und machen Sie sich nicht allzu viele Gedanken darüber, was die anderen wohl von Ihnen denken mögen. Die eigene Befangenheit überwindet man am besten, wenn man sich auf das Wohlbefinden der anderen konzentriert. Vielleicht beruhigt es Sie auch zu wissen, daß wohl keiner ohne ein leichtes Kribbeln im Bauch zu einem Klassentreffen geht.

Dabei ist echtes Interesse am anderen gerade hier sicherlich gegeben. Wer möchte nicht wissen, was aus dem schönsten Mädchen der Klasse geworden ist (jetzt eine stolze Mutter von sechs Kindern), aus dem Klassensprecher (heute Jazzmusiker), aus der ewigen Streberin (eine Fernsehmoderatorin mit Spitzenverdienst) oder aus dem Klassentrottel (inzwischen Computergenie und Multimillionär)?

Eine Freundin hat kürzlich an einem Grundschultreffen teilgenommen. Irgendwann kam sie mit dem damals unattraktivsten Jungen der Klasse ins Gespräch. Aus dem kleinen Dikkerchen von einst war ein Adonis von 1,85 m geworden. Sie betrachtete ihn voller Anerkennung und bemerkte, daß sich Menschen doch sehr verändern können, worauf er mit einem gewitzten Lächeln antwortete: »Ja, auf jeden Fall. Ich für meinen Teil habe Testosteron entdeckt …«

Seien Sie unvoreingenommen. In zehn, zwanzig, dreißig Jahren können sich Leute wunderbar weiterentwickeln. Benny wirft wahrscheinlich in den Vorstandssitzungen nicht mehr so wild mit Papierkügelchen herum wie damals im Geschichtsunterricht, und auch Andy hat sich wahrscheinlich schon vor 19 Jahren geschworen, nie wieder bösartigen Klatsch zu verbreiten.

Denken Sie daran: Sie brauchen niemandem etwas zu beweisen. Seien Sie einfach Sie selbst, und genießen Sie den Abend.

Planen – und zugleich flexibel bleiben

Überlegen Sie sich, mit wem Sie unbedingt reden möchten, aber seien Sie zugleich auch offen für unerwartete Entdeckungen. Das könnte eine geschäftliche Beziehung oder gar eine Romanze sein. Man kann nie wissen, was Sie über Ihre alten Freunde oder deren Interessen herausfinden werden.

Während ich mich zum Klassentreffen in Chicago aufhielt, ging ich in ein Kaufhaus – auch so eine Art Wiedersehensfeier! Als ich der Verkäuferin den Grund für meinen Aufenthalt in Chicago nannte, erzählte sie mir von ihrem Klassentreffen nach vierzig Jahren. Zwei Teilnehmer, eine Witwe und ein Witwer, kamen allein. Zehn Monate später waren sie verheiratet!

Wer weiß? Vielleicht können Sie Ihren Sohn mit der Tochter einer Klassenkameradin in Verbindung bringen? Oder Ihren Bruder mit der Freundin aus der Parallelklasse? Oder einen ehemaligen Mitschüler für einen Job in Ihrer Firma anheuern?

Was Sie nicht tun dürfen: Beweisen Sie niemandem, wie sehr Sie sich verändert haben oder wie wahnsinnig erfolgreich Sie sind. Solch krampfhafte Suche nach Bewunderung wird als unangenehm empfunden. Wer sich vergleicht und etwas beweisen möchte, spielt sich als Richter über sich selbst und andere auf.

Konzentrieren Sie sich auf die Freude, die es bereiten wird, die alten Kameraden und Kameradinnen unter neuen Umständen wiederzusehen ... und sorgen Sie sich nicht wegen der paar Pfund, die Sie in zehn oder zwanzig Jahren hinzugewonnen haben. Die meisten von uns (zumindest jene, die reifer geworden sind) wissen, daß es nicht die Schale ist, die zählt, sondern der Kern.

Geschäfts- oder Visitenkarten

Ich sage es einfach noch einmal: Gehen Sie nicht ohne Ihre Geschäfts- oder Visitenkarten aus dem Haus. Sie vermeiden dadurch nicht nur das Problem mit der weindurchtränkten Serviette, sondern ein Austausch von Karten kann auch dazu führen, daß man in schriftlichem oder mündlichem Kontakt bleibt und alte Freundschaften erneuert.

Vergrößern Sie Ihre Adreßkartei weiter, selbst wenn Sie nur persönliche und freundschaftliche Kontakte geknüpft haben.

Auch beim Verteilen Ihrer Visitenkarten sollten Sie sich von Ihrem gesunden Menschenverstand und guten Geschmack leiten lassen. So ist folgendes Beispiel nicht nachahmenswert: Ein Mann kam verspätet zu seinem Klassentreffen. Er betrat den Raum, bewegte sich, statt sich zu entschuldigen, von Tisch zu Tisch und hinterließ jedes Mal eine Handvoll seiner Karten. Ich glaube nicht, daß er durch ein solches Vorgehen wirklich neue wertvolle Kontakte geknüpft hat.

Eine Freundin meiner Familie hingegen beherzigte meine Ratschläge bei ihrem letzten Mittelschul-Klassentreffen: »Bei meinen anderen Klassentreffen war ich immer ziemlich zurückhaltend. Doch dieses Mal habe ich mich besser vorbereitet und mir ein paar Fragen und einigen Gesprächsstoff zurechtgelegt. Weil ich mir vor Augen führte, daß ich nichts zu verlieren habe, fiel es mir leichter, mich Klassenkameraden zu nähern, egal, ob ich sie wiedererkannte oder nicht. Ich hatte wirklich einen Riesenspaß.«

Tips für Klassentreffen und Wiedersehensfeiern

Lassen Sie Ehegatten und andere männliche Partner diesmal zu Hause

Fast alle Experten zum Thema Klassentreffen meinen, daß Ehemänner besser nicht mitkommen sollten.

Ich habe eben ganz bewußt nur die männlichen Partner genannt. Zwar gibt es noch keine wissenschaftlichen Studien zu diesem Thema, aber die Erfahrung lehrt, daß mitgebrachte Ehefrauen diese Ereignisse ganz gut überstehen und sich manchmal sogar bestens amüsieren, daß aber mitgebrachte Ehemänner sichtlich leiden.

Möglicherweise sind sie es einfach nicht gewohnt, ihre

Frauen im Zentrum der Aufmerksamkeit zu sehen. Vielleicht spielen sie grundsätzlich nicht gern die »Nebenrolle« des mitgebrachten Partners, oder die »Jungen« von früher sind fasziniert, die »Mädchen« wiederzusehen, haben aber gar kein Bedürfnis, auch deren Ehemänner kennenzulernen. Wer weiß? Eines steht jedoch fest: Eine Frau, die Ihren Mann oder Partner zur Wiedersehensfeier mitbringt, muß sich möglicherweise auf Mißstimmungen gefaßt machen. Deshalb lautet mein Rat: Wenn Sie Spaß haben wollen, lassen Sie ihn besser zu Hause.

Sicher gibt es auch Ausnahmen, aber sie sind selten. Ein Restaurantbesitzer beispielsweise amüsierte sich köstlich auf dem Klassentreffen seiner Frau, unter anderem, so sagt er, »weil ich kein schlechtes Gewissen zu haben brauchte, wenn ich einen Namen oder ein Gesicht vergessen hatte«. Ein anderer brachte seine reizende Freundin zum zwanzigsten Jahrestag seiner Schulentlassung. Es entging ihm nicht, wie rasch sie Kontakt zu seinen Freunden fand und wie nett diese sie fanden. »Es hat mir die Augen geöffnet.« Die beiden haben noch im selben Jahr geheiratet!

Auch David Peterson, damals noch der Partner, heute der Ehemann einer früheren Klassenkameradin, unterhielt sich bestens bei unserem Klassentreffen. Er äußerte sich folgendermaßen: »Ich gehe immer mit der Absicht aus, mich zu amüsieren. Ich mag es grundsätzlich, mit Menschen zusammen zu sein, und der Spaß, den ihr bei eurem Wiedersehen hattet, färbte auf mich ab.« Er sollte Seminare für Männer anbieten zum Thema »Wie verhalte ich mich als Begleiter meiner Ehefrau«. Wahrscheinlich könnte er damit viel Geld verdienen.

Lassen Sie auf keinen Fall Ihren Humor zu Hause

Wer über sich selbst lachen kann, kommt bei allen am besten an.

Schon damals hat es keiner gemocht, Zielscheibe für Hänseleien oder derbe Scherze zu sein – und wahrscheinlich ist das heute noch viel weniger der Fall. So war Eddy sicher nicht besonders glücklich darüber, von den anderen Jungen damit geneckt zu werden, er werfe den Ball »wie ein Mädchen«. Heute, als Trainer einer professionellen Fußballmannschaft, mag er es schon gar nicht mehr hören. Und Debby hat ihre Zahnspangen schon vor zwanzig Jahren abgenommen bekommen – also sollten wir das Thema nicht wieder aufnehmen, selbst wenn es damals sehr lustig war, als sie Arthur beim Abschlußball küßte und die Spangen sich verhakten. *Sie* kann die Sache zur Sprache bringen, aber die anderen sollten es tunlichst vermeiden.

Sprechen Sie mit allen Anwesenden

Die Vorlieben und Wertvorstellungen haben sich im Laufe von zehn, zwanzig oder dreißig Jahren gewandelt – und wir uns mit ihnen. Gehen Sie von einem zum anderen, und plaudern Sie mit allen. Sie wissen nie, welch tolle Entdeckungen Sie machen werden. Der blöde Trottel von gestern könnte sich als der netteste Mann von heute ... und morgen erweisen. In unserer Klasse gab es eine Mädchenclique, die immer zusammensteckte, und so war es auch bei unserem letzten Treffen. Schade um die vielen reizenden Frauen und Männer, die ihnen dadurch entgangen sind!

Reisen Sie in die Vergangenheit

Wenn Sie »nach Hause« fahren, zu einem Familien-, Klassen- oder sonstigen Treffen, dann planen Sie ein wenig Zeit ein, um mit anderen alten Freunden wieder Verbindung aufzunehmen.

Als ich nach Chicago fuhr, plante ich auch gleich einige weitere Treffen mit alten Kommilitonen aus der College-Zeit ein. So nahm ich meinen ganzen Mut zusammen und rief meinen ersten Freund David an, der heute als Rechtsanwalt in Chicago praktiziert. Ich hatte ihn seit achtzehn Jahren nicht gesehen oder gesprochen. Doch wer nicht wagt, der nicht gewinnt! Was ich gewann, war ein lieber Freund und treuer Ratgeber.

Pflegen Sie die Kontakte: Bleiben Sie am Ball

Wiedersehensfeiern sind eine gute Gelegenheit, freundschaftliche und geschäftliche Beziehungen aufzubauen – allerdings nur, wenn Sie am Ball bleiben. Sie mögen sich noch so anregend bei einem Gläschen Wein unterhalten haben, wenn Sie den Kontakt nicht weiter pflegen, haben Sie eine Chance vertan! Es gibt viele Möglichkeiten, in Kontakt zu bleiben: per Telefon, Fax, E-Mail, Grußkarte oder Brief.

Nehmen Sie sich einige Minuten Zeit, um den Leuten, mit denen der Kontakt besonders herzlich war, ein paar Zeilen zu schreiben. Lassen Sie sie wissen, wie sehr Sie sich gefreut haben, sie wiederzusehen. Wenn Sie noch einen Schritt weitergehen und die Beziehung wirklich zu neuem Leben erwecken wollen, dann schlagen Sie vor, daß man einander schreiben oder sich treffen solle. Wenn Sie Geschäftliches besprochen haben, dann schikken Sie auf jeden Fall die versprochene Werbebroschüre und alle anderen Informationen, die wichtig sein könnten.

Die letzte Ehre

Es gibt Zusammenkünfte, die einen ernsten, ja traurigen Anlaß haben. Doch es ist wichtig, teilzunehmen, und unsere Gegenwart sagt unendlich viel über uns, unsere Wertvorstellungen und unsere Achtung für andere aus. An einer Trauerfeier teilzunehmen, fällt niemandem leicht.

Wir wissen oft nicht, was wir sagen sollen, und dies kann manchmal der Grund sein, warum wir es vermeiden, hinzugehen. Für mein Buch *Was sage ich jetzt bloß?* interviewte ich Personen, die um einen geliebten Menschen trauerten. Einige sagten, daß sie sich von »plötzlich untergetauchten« Freunden im Stich gelassen fühlten, während andere dankbar für die Unterstützung von Freunden, Kollegen und Vorgesetzten waren.

Wichtiger als das, was wir sagen, ist unsere Anwesenheit. Eine leichte Berührung am Arm und ein »Ich weiß nicht, was ich sagen soll, aber meine Gedanken sind bei dir«, sind bereits tröstlich. Manchmal können wir auch etwas über den Verstorbenen erzählen, etwas, das sein Wesen, seine Interessen oder seinen Humor widerspiegelt. Auch das hilft den Trauernden.

Denken Sie daran: Einen Krankenhausbesuch oder eine Trauerfeier zu umgehen, weil wir uns wegen unseres Unbehagens sorgen, ist inakzeptabel.

Dürfen wir zu solchen Anlässen in der Absicht gehen, Kontakte zu knüpfen oder zu pflegen? Auf keinen Fall! Doch das Wiedersehen mit einem alten Freund oder früheren Kollegen bei einer Trauerfeier, bei der wir beide dem Toten die letzte Ehre erweisen, kann uns auf eine wundersame Weise verbinden.

Zusammenfassung

- Gehen Sie unbedingt zu Ihrem Klassentreffen!
- Klassenzusammenkünfte sind eine gute Gelegenheit, alte Kameraden wiederzusehen und Freundschaften aufzufrischen
- Denken Sie daran: Die früheren Mitschüler sind erwachsen geworden und haben sich oft zu ihrem Vorteil verändert
- Knüpfen Sie sowohl persönliche als auch berufliche Kontakte; Beziehungen zu Klassenkameraden können zu Freundschaften, Geschäftsbeziehungen oder gar Romanzen führen
- Bereiten Sie sich vor – genauso wie auf andere gesellschaftliche oder berufliche Ereignisse
- Entspannen Sie sich, und genießen Sie die Zusammenkunft
- Pflegen Sie die Kontakte weiter
- Sehen Sie die Leute so, wie sie heute sind
- Beginnen Sie rechtzeitig mit Ihrer Diät und Ihrem Fitneßprogramm
- Vergessen Sie nicht – alles ist möglich!

14 Messen und Kongresse zu Ihrem Vorteil nutzen

Betrachten Sie Messen und Kongresse wie Olympische Spiele: Sie sind der entscheidende Test, bei dem Sie Ihre Kontaktfähigkeiten unter Beweis stellen können. Wenn Sie es dort schaffen, dann schaffen Sie es überall.

Auf Handelsmessen und Kongressen finden all die Ereignisse statt, die wir besprochen haben – Geschäftskonferenzen, Cocktailparties, Geschäftsessen, festliche Abendessen, Empfänge, Einzelbegegnungen und manchmal sogar Wiedersehensfeiern – und das alles in einem Zeitraum von ein paar Tagen oder einer Woche.

Einige dieser Ereignisse werden als »ungezwungenes Beisammensein« deklariert, aber machen Sie sich bitte nichts vor: Es geht hier ums Geschäft, und Ihre Fähigkeit, auf Menschen zuzugehen und Kontakte zu knüpfen, zahlt sich in diesem Fall in barer Münze aus.

Messen sind harte Arbeit! Sie können jeden fragen, der an einem Messestand – stehend! – seine Firma repräsentiert oder viele Kilometer Ausstellungsgelände abgelaufen ist. Die meisten Frauen würden mir beipflichten, wenn ich sage, daß die Schwierigkeiten, die diese Aktivitäten mit sich bringen, direkt proportional zu der Höhe Ihrer Absätze ansteigen.

Fassen Sie sich trotzdem ein Herz. Mit ein wenig Planung können Messen und Kongresse auch sehr viel Spaß machen. Schließlich geht es dabei um den Kontakt mit Menschen.

Ob Sie nun eine Handelsmesse oder einen Kongreß als Aussteller, potentieller Kunde, Repräsentant des Veranstalters, Mitglied des Organisationskomitees, Teilnehmer, Gast oder als mitgenommener Ehepartner besuchen: Es gibt bestimmte Strategien, die Ihnen dabei helfen, aus diesem Ereignis das Beste zu machen.

Vorbereitung auf den Ansturm

Die meisten von uns möchten die Zeit (und das Geld), die der Besuch einer Messe oder eines Kongresses sie kostet, sinnvoll nutzen. Erfolgreich sind wir, wenn wir das erreichen, was wir uns vorgenommen haben. Das ist nicht nur gut für uns, sondern auch für unseren Arbeitgeber. Diejenigen, die unseren Messe- oder Kongreßbesuch finanziert haben, erwarten einen Erfolg. Und wenn wir selbständig sind und das Geld für die Konferenz, den Messestand, das Ausstellungsmaterial, die Reise, den Aufenthalt etc. aufgebracht haben, dann sollte auf jeden Fall etwas dabei herausspringen.

Mit den Vorbereitungen beginnen wir natürlich nicht erst, wenn das Flugzeug landet oder wir zum ersten Mal einen Blick in die Ausstellungshalle werfen. Sicher ist es bequem, sich einfach nur treiben zu lassen, überwältigt von den vorhandenen Möglichkeiten, den vielen Leuten und Messeständen, die es aufzusuchen gilt, und den Konferenzen und Parties, an denen man teilnehmen muß. Es ist nicht ungewöhnlich, im Laufe eines Tages sechs bis acht Einladungen folgen oder an ebensovielen Konferenzen teilnehmen zu müssen – und das alles, bevor die abendlichen Cocktailparties, Geschäftsessen und Empfänge überhaupt erst begonnen haben.

Ein Sprichwort sagt: »Wenn du nicht weißt, wohin du willst,

wirst du wahrscheinlich irgendwo anders landen.« Welche Rolle Sie bei dem Ereignis auch spielen: Eine gute Vorbereitung ist wichtig. Sie sollten damit schon lange, bevor Sie ins Flugzeug, in die Bahn oder ins Auto steigen, beginnen.

Vorbereitungen von Messe- und Kongreßbesuchen umfassen drei Bereiche:

1. Die Planung der Büroarbeit zu Hause (damit während Ihrer Abwesenheit alles reibungslos weiterläuft)
2. Die Planung der auf der Veranstaltung verbrachten Zeit
3. Die Planung der Auswertung des Ereignisses

Verlassen Sie Ihr Haus nicht, ohne ...

Vorsorgemaßnahmen für die Daheimgebliebenen

Sorgen Sie für die, die zu Hause bleiben, vor, damit Sie sich neben Ihren Verpflichtungen und den vielen neuen Eindrücken nicht noch darüber Gedanken zu machen brauchen, ob daheim alles in Ordnung ist – ob Ihre Post und Ihre Telefonanrufe beantwortet werden, ob jemand Ihren Termin beim Zahnarzt abgesagt hat und Ihre Kunden, Ihre Katze (und Ihre Kinder!) versorgt sind.

Machen Sie eine Liste der Dinge, für die Sie im Büro und zu Hause verantwortlich sind. Vielleicht müssen Sie bestimmte Aufgaben delegieren, Termine umlegen und jemanden anweisen, wie Ihre Posteingänge und Telefonanrufe zu handhaben sind. Mit den heutigen Kommunikationsmöglichkeiten ist es einfach, mit dem Büro in Kontakt zu bleiben.

Zu Hause gehört zu Ihrer Vorbereitungsarbeit vielleicht, Leute zu organisieren, die auf Ihre Kinder und Ihr Haus ein Auge haben; jemanden zu finden, der Ihre Pflanzen gießt oder die Haustiere versorgt; die Nachbarin zu informieren, daß Sie nicht da sind; festzulegen, welche Rechnungen unbedingt noch bezahlt werden müssen; die Zeitung abzubestellen; jemanden zu bitten, daß er Ihre Post hereinholen und in dringenden Fällen beantworten möge.

Diese Vorbereitungen halten Ihnen nicht nur den Kopf frei, sondern bewahren Sie auch vor einem überwältigenden Chaos bei Ihrer Rückkehr.

Planung der Veranstaltung

Sie können eine Million Ablenkungen dadurch ausschalten, daß Sie Ihre eigenen Bedürfnisse und Ziele von vornherein genau definieren – und ebenso die Bedürfnisse anderer.

Erstens überlegen Sie sich: Wann, wo und um welche Uhrzeit findet was statt, und welches sind die Unterkunftsmöglichkeiten? Die meisten Organisationen und Veranstalter senden Ihnen im voraus einen Plan oder ein Programm zu. Manchmal liegt auch ein Plan der Ausstellungsräume bei. Wenn möglich sollten Sie die verschiedenen Stationen auf Ihrem Weg durch die Messehalle im voraus festlegen, so daß Sie die Leute, die Ihnen wichtig sind, auch wirklich treffen.

Informieren Sie sich über die Kosten. Bekommen Sie von Ihrer Firma einen Vorschuß für die Reise- und Aufenthaltskosten? Oder müssen Sie zunächst alles selbst bezahlen und später die Spesenrechnungen einreichen? Wenn Sie selbständig sind, dann müssen diese Ausgaben in Ihr Gesamtbudget eingeplant werden.

Zweitens müssen Sie ganz genau wissen, warum Sie diese Messe besuchen. Gehen Sie hin, um sich über die neuesten

Trends, Entwicklungen oder Produkte auf dem laufenden zu halten? Oder um Daten und Informationen mit nach Hause zu nehmen? Müssen Sie einen Bericht verfassen? Wie detailliert sollte er sein? Ist die Teilnahme an dem Ereignis für Sie als Intensivkurs gedacht, um Ihre Kenntnisse, Ihr Wissen und Ihre Effektivität zu steigern? Diese Fragen müssen geklärt werden, bevor Sie abreisen.

Vielleicht nehmen Sie an einer bestimmten Konferenz vor allem teil, um Ihre Kontakte zu erweitern. Bei einem Kongreß erfährt und erreicht man viel einfach so nebenbei. Ich habe schon bei der Plauderei über einer Tasse Kaffee mehr von einem Kollegen oder Mentor gelernt als auf vielen Konferenzen und Seminaren zusammen.

Drittens planen Sie, was Sie anziehen wollen. Welche Kleidung Sie mitnehmen, hängt natürlich davon ab, an welchem Ort und zu welcher Jahreszeit die Messe oder der Kongreß stattfindet. Hören Sie sich den Wetterbericht an. Lesen Sie das Programm, um herauszufinden, ob Sie neben Ihrer Business-Garderobe noch Kleidung für ein Biergartenfest, eine Cocktailparty oder ein formelles Dinner – oder für alles zusammen! – mitnehmen müssen.

Die Kleidung sollte angemessen und bequem sein. Dies gilt besonders für die Schuhe. Sie werden nur halb so viel Erfolg und nur halb so viel Vergnügen haben, wenn Blasen das Gehen zur Qual machen.

Und eines dürfen Sie nicht vergessen: Hier geht es ums Geschäft! Tief ausgeschnittene und hautenge Kleider sind fehl am Platz. Ebenso ist es unangebracht, zu einer feierlichen Preisverleihung in Jeans zu erscheinen – jedenfalls meistens.

Das Abschlußbankett beim jährlichen Kongreß meines Berufsverbandes ist eine sehr feierliche Angelegenheit. Von den wenigen Männern, die nicht im Smoking erschienen, meinte einer, er fühle sich in diesem Kleidungsstück eben unbehaglich. Doch anscheinend fühlte er sich ohne auch unbehaglich, denn im Jahr darauf erschien er ebenfalls im Smoking!

Viertens überlegen Sie sich bereits im Vorfeld, welche Werte und Normen der Industriezweig oder Berufsverband, der die Messe oder den Kongreß veranstaltet, vertritt. Eine Handelsmesse des Gaststätten- und Hotelverbandes wird sich atmosphärisch von einer Verkaufsmesse für pädagogisch wertvolles Kinderspielzeug unterscheiden. Sie werden eine andere Art von Menschen treffen, deshalb ist es sinnvoll, sich von der Welt, die man erobern möchte, von vornherein ein Bild zu machen.

Fünftens planen Sie Ihre Reise so, daß Sie vor Ihrem ersten »Auftritt« ein wenig Zeit zum Entspannen haben. Wenn Ihre Konferenz um 14.30 Uhr beginnt, sollten Sie nicht das Flugzeug wählen, das um 14.00 Uhr auf dem Flughafen landet. Warum gehetzt und außer Atem bei der Anmeldung erscheinen, wenn es sich auch anders einrichten läßt?

Patricia Fripp, eine Vortragsreisende, die jedes Jahr Hunderttausende von Kilometern zurücklegt, schwört auf das Thorndikesche Gesetz: Ein Verhalten, das belohnt wird, wiederholt der Mensch gerne. »Dies gilt sowohl für den beruflichen als auch für den privaten Bereich«, betont sie. Patricia Fripp belohnt sich für das frühzeitige Ankommen am Flughafen, indem sie Freunde anruft und ein Schwätzchen mit ihnen hält. So ist die zusätzliche Zeit nicht verloren, sondern wird auf eine angenehme Weise genutzt. »Als ich einmal einen relativ engen Zeitplan hatte, kam ich prompt in Bedrängnis – ich hatte meine Schlüssel im Auto eingeschlossen! Jetzt plane ich eine »Katastrophenfrist« ein – für Zwischenfälle auf der Autobahn und lange Warteschlangen am Flughafen.«

Da wir gerade beim Thema Reisen sind: Irgend etwas Unvorhergesehenes tritt immer wieder ein. Taschen, Koffer mit

Ausstellungsmaterial und Flugzeuge fliegen oft in ganz entgegengesetzte Himmelsrichtungen. So erzählte mir ein Kollege folgende Geschichte: Beim Einchecken für einen Flug nach Des Moines bat der Reisende die Angestellte der Fluggesellschaft: »Bitte, schicken Sie doch meinen roten Koffer nach Rom, den blauen nach New York und die Schachtel nach London.«

»Aber mein Herr«, erwiderte die erstaunte Angestellte, »das geht leider nicht.«

»Warum nicht? Letzte Woche haben Sie es doch auch geschafft!«

Lustig? Vielleicht – wenn Sie nicht gerade der oder die Leidtragende sind! Um vor dem Schlimmsten bewahrt zu bleiben, sollten in Ihrem Handgepäck immer ein Ersatzkleidungsstück, Unterwäsche, Kosmetikartikel und die wichtigsten Papiere sein.

Sechstens: Vergessen Sie unsere Grundregeln nicht. Stellen Sie sich positiv auf das Ereignis ein. Machen Sie sich klar, was Sie erreichen wollen und warum Sie überhaupt an dem Kongreß oder der Messe teilnehmen. Eine schriftliche Planung ist immer sinnvoll. Überlegen Sie sich, wie Sie sich selbst vorstellen wollen und wie Sie ein Gespräch in Gang bringen könnten.

Planung der Auswertung

Vergessen Sie nichts, was Sie brauchen, um Ausgaben zu notieren, Notizen zu machen, Vorträge auf Tonband aufzunehmen, Geschäftskarten entgegenzunehmen und einzuordnen und weiterführende Informationen zu sammeln. Denken Sie auch an Ihren Laptop und Ihre (elektronische) Agenda.

Natürlich dürfen Sie Ihre eigenen Geschäftskarten und die Informationsblätter und Broschüren Ihrer Firma nicht vergessen. Handelsmessen sind ein idealer Boden für Geschäftskontakte. »Ich habe den ganzen Tag an unserem Stand gestanden und später noch an sämtlichen gesellschaftlichen Ereignissen teilgenommen. Es war sehr anstrengend, aber es hat sich gelohnt«, versicherte mir eine Bekannte.

»Das Entscheidende ist, die geknüpften Kontakte später weiterzuverfolgen«, meint Chris Carr vom Amerikanischen Automobilclub, der für die Planung von dreihundertfünfzig Meetings pro Jahr zuständig ist. »Ich habe gerade eine Messe besucht und mit dreißig verschiedenen Firmen Kontakt aufgenommen. Nur sechs davon haben mir das versprochene Material zugeschickt!«

Schließen Sie sich selbst in Ihre Nachbereitungspläne mit ein. Die meisten Menschen vergessen, für die Zeit unmittelbar nach dem Anlaß eine kurze Pause der Sammlung und Erholung einzuplanen. Dabei ist eine solche Verschnaufpause von unschätzbarem Wert. Packen Sie in Ruhe Ihre Sachen aus, sehen Sie sich Ihre Post an, stopfen Sie die Wäsche in die Maschine und lassen Sie sich ein wenig gehen, bevor Sie sich wieder in die tägliche Routine stürzen. Sie waren in einer vollkommen anderen Welt und wahrscheinlich ständig auf äußerste angespannt. Sie brauchen und verdienen jetzt einen kleinen Urlaub – und wenn es nur ein einzelner Morgen oder Nachmittag sein sollte. Nach einer Pause sind Körper und Geist wieder leistungsfähiger.

Den Messestand zur Goldgrube machen

Die Stände auf Ausstellungen und Messen können sich als Goldgrube erweisen, und zwar für Verkäufer ebenso wie Käufer. Sinn eines Messestandes ist es, eine große Anzahl von Kunden und Anbietern zu beiderseitigem Vorteil zusammenzuführen.

Ob Sie nun am Stand vor oder hinter dem Tresen stehen, ein großer Teil der Arbeit hat bereits stattgefunden, bevor Sie Ihr

Büro verließen – eine gute Planung ist der Schlüssel zum Erfolg. So meinte ein Ausrichter von Kongressen und Messen: »Zu der Planung und Vorbereitung gehören eine gute Organisation, ein Blick für die Details und für das große Ganze.«

»Vorausplanen ist wichtig«, sagt auch Susan Friedmann, deren Aufgabe es ist, Firmen und ihren Angestellten zu zeigen, wie man sich auf Handelsmessen erfolgreich präsentiert. »Informieren Sie sich im voraus über die Teilnehmer. Dies erleichtert die Gesprächsaufnahme. Es ist keine Kunst, sich mit den anderen Messeteilnehmern oder Stammkunden zu unterhalten. Das eigentliche Ziel ist jedoch, neue Kontakte zu knüpfen. Dazu müssen wir auch unseren Mitarbeitern klarmachen, andere nicht vorschnell zu beurteilen und nett und höflich zu jedermann zu sein.«

Bei Ihrem Gang über das Messegelände brauchen Sie Konzentration und Durchhaltevermögen. Wer so viele Möglichkeiten vor sich hat und so viele Gesichter vor sich sieht, kann leicht sein Ziel aus den Augen verlieren. Es ist verführerisch, einfach mit irgend jemandem zu plaudern, der gerade da ist, und die Ausstellung als eine Art Nonstop-Party zu genießen, anstatt sich auf seine Ziele zu konzentrieren. Verfolgen Sie also, ohne sich abzulenken, Ihre Absichten, was nicht bedeutet, daß Sie sich nicht hin und wieder eine kurze Pause gönnen dürfen.

Ein im voraus sorgfältig ausgearbeiteter Marketingplan hilft, die entsprechenden Märkte auf dieser Handelsmesse zu erobern. In diesem Plan müssen auch Vorgehensweisen und Ziele festgelegt werden, und zwar im Hinblick auf die Zahl der Möglichkeiten und der Personen, die anzusprechen sind.

Für Aussteller und Besucher ist die Messe eine Chance, bestimmte Produkte und Dienstleistungen gründlich kennenzulernen und zu beurteilen. Sie bietet zudem die Möglichkeit, Informationen zu sammeln, sich auf dem laufenden zu halten und –

lange Telefongespräche und Wartezeiten zu vermeiden, weil Informationen sofort ausgetauscht werden können.

Das Verhalten am Messestand

Die Mitarbeiter am Messestand müssen auf Ihre Rolle gut vorbereitet werden. Sie müssen über das Produkt oder die Dienstleistung, die sie anbieten, ebenso Bescheid wissen wie über die Marktsituation und darüber, wie man vorgeht, um auf einer Messe gute Geschäfte zu machen.

Wenn sie nur über ihr Produkt Bescheid wissen und sich nicht die Mühe gemacht haben, auch etwas über die Messebesucher – die potentiellen Kunden – herauszufinden, gehen wahrscheinlich Aufträge verloren.

Eine seriöse Vorbereitung macht sich bezahlt. Sie schafft gute Beziehungen, Befriedigung, Verkaufsabschlüsse und ein gutes Gefühl bei allen Beteiligten.

Die drei E

Wer sich hinter einen Messestand stellt, sollte mit den drei E ausgestattet sein: Einsatzbereitschaft, Energie und Enthusiasmus!

Ein Tip für den eigenen Messestand: Ihre Repräsentanten sollten kleine Informationen parat haben, mit denen sich leicht ein Gespräch anknüpfen läßt. Da viele, die an der Messe oder dem Kongreß teilnehmen, ein Namensschild tragen, könnten die Repräsentanten am Messestand etwas über den Arbeitgeber des potentiellen Kunden erfragen oder selbst etwas zu jener Firma bemerken. Vielleicht überlegen sie sich auch Fragen, die sich auf die Bedürfnisse des potentiellen Käufers beziehen. Aber vor allen Dingen sollten sie freundlich sein und bei den Antworten gut zuhören.

»Kann ich Ihnen helfen?« ist keine gute Einleitungsfrage für den Aussteller. Der Standbesucher kann sich dann erst einmal aus der Affäre ziehen, indem er antwortet: »Nein danke, ich möchte mich nur umschauen.« Ein Gespräch kommt auf diese Weise nicht in Gang, und was immer der Aussteller noch sagt, könnte vom Besucher als aufdringlich interpretiert werden.

»Kann ich Ihnen helfen?« sollte man eigentlich nur im Süßwarenladen fragen – wo die Käufer ohnehin zum Kauf entschlossen sind.

Bei anderer Gelegenheit jedoch, vor allem am Messestand, können ein freundliches Lächeln, eine positive Ausstrahlung, vielleicht ein Händedruck und eine kurze (wohlgeübte) Vorstellung den anfänglichen Kontakt erleichtern und effektiver machen.

Achten Sie darauf, den Standbesuchern niemals den Rücken zuzukehren. Dasselbe gilt auch für Ihre Mitarbeiter. Diese sollten auch nicht so in ein Gespräch untereinander vertieft sein, daß sie die Besucher gar nicht wahrnehmen – eine Unsitte, die man allzu oft beobachten kann.

Wie soll der Messestand aussehen?

Ein ansprechendes Aussehen des Messestandes ist ebenfalls wichtig. Er sollte durch irgend eine Besonderheit die Aufmerksamkeit der Besucher auf sich ziehen. Einem meiner Klienten schlug ich beispielsweise vor, den Standbesuchern italienischen Espresso und Cappuccino anzubieten. Sie fanden die Idee prima, da sie sich während der Zubereitung des Kaffees mit den Standbesuchern unterhalten und Kontakte knüpfen konnten.

Eine andere Ausstellerin hat die interessante Beobachtung gemacht, daß viele Verkaufsstände wie Barrieren wirken. »Da ein Tisch oder Tresen zwischen Käufer und Verkäufer auf den Käufer unbewußt einschüchternd wirken kann, haben wir unseren fast zwei Meter langen Tresen zur Seite gerückt und damit auch die Schranke entfernt. Das Ergebnis war, daß sehr viel mehr Leute in unseren Stand hereinströmten.«

Mit ungewöhnlichen und originellen Einfällen kann man Menschen anlocken. Dick Staff, Leiter eines Kongreßzentrums in San Francisco, sagt: »Da wir San Francisco als die gastfreundlichste Stadt Amerikas darstellen möchten, ist unser Ausstellungsstand ein vierzig Quadratmeter großes Wohnzimmer, in dem ein Pianist leise Musik spielt. Unsere Repräsentanten verstehen es hervorragend, Kontakte zu knüpfen und die Dienstleistungen, die wir anbieten, anschaulich zu erläutern.«

Haben Sie Ihre Rolle gelernt?

Handelsmessen und Kongresse kann man auch mit Theateraufführungen vergleichen, bei denen Sie als Teilnehmer den Text, den Handlungsablauf, die Inszenierung und den richtigen Moment für Ihren Auftritt kennen müssen. Der Text oder das Drehbuch sind die Informationen, die Sie weitergeben oder erhalten. Die Inszenierung ist ebenfalls wichtig; dazu gehören auch die Verabredungen, die man vor dem Ereignis getroffen hat. Und schließlich die Choreographie: Sie müssen wissen, wann Sie wohin zu gehen haben. Wer nicht gerade dann auftaucht, wenn das größte Gedränge herrscht, oder wer zu einem Kongreß sehr früh eintrifft, hat mehr Chancen, mit wichtigen Geschäftspartnern oder Kollegen ins Gespräch zu kommen.

Einige Tips für Ihren Rundgang auf Messen und Kongressen

- Erstellen Sie im voraus einen Plan, damit Sie sicher sein können, die Leute, die Sie treffen wollen, auch wirklich zu finden.
- Versuchen Sie nicht, allzuviel an einem Tag zu erledigen, sonst treffen Sie am letzten Stand so erschöpft ein wie ein Marathonläufer auf der Zielgeraden.
- Erstellen Sie eine Liste der Leute, die Sie sehen, und der Dinge, die Sie tun möchten – und tragen Sie diese Liste bei sich.
- Führen Sie ein kleines Notizbuch oder Ihre (elektronische) Agenda mit sich, um Informationen und Ideen einzutragen.
- Widerstehen Sie der Versuchung, alle angebotenen Broschüren, Prospekte oder Werbegeschenke einzustecken. Sie wollen am Ende Ihres Rundganges doch nicht eine Last von 25 Kilo mit sich herumtragen.
- Behalten Sie wenn möglich Ihre Eßgewohnheiten und Ihr Fitneßprogramm bei. Wer jeden Arbeitstag mit einer Joggingrunde beginnt, wird wahrscheinlich etwas vermissen, wenn dieser Frühsport plötzlich ausfällt. Bei manchen mehrtägigen Kongressen werden im Rahmenprogramm Lauftreffs angeboten – übrigens eine gute Gelegenheit, Kontakte zu knüpfen. In vielen Kongreßhotels gibt es Tennisplätze, Fitneßräume und Saunas. Essen und trinken Sie so, daß Sie sich wohl fühlen. Wer etwa ein reichhaltiges Frühstück braucht, sollte es sich auch gönnen. Morgenmuffel können sich aber auch ein Tablett aufs Zimmer bringen lassen. Sorgen Sie gut für sich selbst! Es ist sehr wichtig, daß Ihr persönlicher Rhythmus nicht gestört wird.

Der »gesellige« Aspekt

Nicht immer werden die Geschäfte am Messestand gemacht. Der »gesellige« Aspekt dieser Ereignisse ist ebenfalls sehr wichtig. Ich habe »gesellig« in Anführungsstriche gesetzt, weil Sie auf einer Messe oder Ausstellung *arbeiten*. Dies heißt jedoch nicht, daß Sie sich nicht amüsieren, neue Leute kennenlernen, alte Kontakte auffrischen und neue knüpfen dürfen.

Messen und Kongresse sind dazu da, Ihr Beziehungsnetz zu erweitern. Geben Sie sich einen Ruck, und setzen Sie sich einmal zum Mittag- oder Abendessen mit Leuten zusammen, die Sie nicht kennen. Ergreifen Sie die Initiative, und stellen Sie sich den Leuten vor, die mit Ihnen am Tisch sitzen. Bitten Sie diese Leute, dasselbe zu tun – ganz so, wie Sie es vielleicht beim Abendessen Ihres örtlichen Berufsverbandes auch tun würden.

Der »gesellige« Aspekt einer Handelsmesse oder eines Kongresses kann übrigens sehr amüsant und vergnüglich sein und genauso gut fürs Geschäft wie Ihre eigentliche Arbeitszeit!

Versuchungen – der Flirt und der Alkohol

Der gesellige Aspekt einer Handelsmesse oder eines Kongresses birgt jedoch auch einige Gefahren, vor denen ich Sie warnen möchte. Mißverständnisse könnten Sie in peinliche Situationen bringen. Achten Sie deshalb auf die verbalen und nonverbalen Botschaften, die Sie aussenden. Machen Sie deutlich klar, was Sie wollen und was nicht. Ihr Chef hat Sie zu dieser Veranstaltung als Repräsentant der Firma geschickt und dadurch sein Vertrauen in Sie zum Ausdruck gebracht. Sollen ihm – oder den anderen Kollegen im Büro – nun bestimmte Geschichten zugetragen werden? Wie würde dies aufgenommen? Natürlich haben

Sie ein Recht auf Ihr Privatleben. Aber auf einer Messe oder einem Kongreß vertreten Sie vor allem die Firma.

Ein anderes heikles Thema ist der Alkohol. Bereits ein Glas zuviel wirkt sich auf Ihr Benehmen aus, und zwar negativ. Sie können dadurch einen Kunden oder sogar Ihren Job verlieren. Es ist daher wichtig, seine Grenzen zu kennen. Niemand erwartet, daß Sie als Dame zur Cocktailstunde mit den Männern »mithalten« können. Versuchen Sie es lieber nicht! Es macht keinen guten Eindruck, wenn Sie am nächsten Morgen offensichtlich mit einem Kater zu kämpfen haben.

Wer an Kongressen teilnimmt, muß konzentriert zuhören, die Inhalte erfassen und entsprechende Informationen angemessen weitergeben können. Nach einigen Cocktails fällt es wahrscheinlich schwer, diese Voraussetzungen zu erfüllen.

Mein Vater hatte folgende Regel aufgestellt: Keiner seiner Verkäufer durfte vor sechs Uhr abends Alkohol trinken, und danach waren höchstens zwei Drinks erlaubt. Er selbst dagegen stellte sich morgens um zehn Uhr an die Bar und trank einen Orangensaft »on the rocks«. Er spendierte jedermann bereitwillig einen Orangensaft mit einem Schuß Wodka, versprühte seinen Charme und hörte aufmerksam zu, was erzählt wurde. Am Ende des Tages hatte er jeweils viele Informationen erhalten – vor allem über seine Konkurrenten und über die neuesten Entwicklungen. Da er selbst aber bei Orangensaft pur blieb, gab er nur preis, was er wirklich wollte.

Lassen Sie sich von Ihrem gesunden Menschenverstand leiten. Nehmen Sie an den Vorträgen und Konferenzen teil, erweitern Sie Ihr Wissen, knüpfen Sie persönliche und berufliche Kontakte, und sichern Sie sich neue Kunden. Machen Sie sich Notizen, beschaffen Sie sich wichtige Informationen, besuchen Sie die Ausstellungshallen, und analysieren Sie die angebotenen Produkte, damit Sie Ihren Vorgesetzten darüber berichten können. Erst dann sollten Sie sich überlegen, was Sie zu Ihrer Erholung tun wollen.

Das heißt nun aber nicht, daß Sie sich kein Vergnügen gönnen dürfen. Ein Kongreß besteht meist sowohl aus Arbeit als auch aus Vergnügen. Seien Sie kein Langweiler, aber vergessen Sie dabei nicht, daß ein Kongreß keine Nonstop-Party ist – die dann mit einem höchst unangenehmen Gespräch im Büro des Chefs beendet werden könnte.

Der Balanceakt, der von Ihnen gefordert wird, ist, eine unterhaltsame Zeit zu erleben, ohne gleichzeitig die Perspektiven und Ziele aus dem Auge zu verlieren.

Ehegatten im Schlepptau

Es ist nicht leicht, an einer Veranstaltung teilzunehmen, an der man nur als »Anhängsel« wahrgenommen wird. Wer nicht gerade mit einem Überschuß an Charme und Courage gesegnet ist, wird sich wahrscheinlich langweilen.

Früher waren fast alle Begleitpersonen bei Kongressen Ehefrauen, die keiner eigenen Berufstätigkeit nachgingen. Das hat sich inzwischen geändert. Heute sind über fünfundfünfzig Prozent der Begleitpersonen selbst berufstätig.

Joyce Siegel, die seit mehr als vierzig Jahren an medizinischen Kongressen und Konferenzen teilnimmt, hat diese deutliche Veränderung auch beobachtet: »Immer häufiger können wir aus den Namensschildern schließen, daß die Frau die Eingeladene ist und ihren Ehemann als Begleiter mitgenommen hat. Auch die Begleitprogramme für mitgebrachte Partner haben sich geändert. Ikebana-Vorführungen sind durch Referate zum Thema Steuerprobleme und Zeitmanagement ersetzt worden.«

Auch begleitende Ehepartner müssen sich als kontaktfreudig

erweisen. Nur so werden sie das Gefühl haben, die Zeit gut zu investieren. Eine freundliche, liebenswürdige Begleitperson kann sogar eine große Hilfe sein. So haben sich schon manche Geschäftspartner dank Begleitprogrammen gefunden – mit Hilfe der Ehefrauen!

Eines ist sicher: Schlecht gelaunte Begleitpersonen, denen es keinen Spaß macht, Leute kennenzulernen, sind eher ein Klotz am Bein. Diese unterstützen ihren Mann oder ihre Frau mehr, wenn sie zu Hause bleiben und die Dinge tun, die sie wirklich gerne tun möchten.

Ein Messe-Erfolgserlebnis

Meine Freundin Jean Miller, eine frühere Bibliothekarin, wußte damals, daß ich daran war, ein Buch zu schreiben. Als die Buchmesse in San Francisco stattfand, schlug sie vor, hinzugehen, da praktisch jeder Verleger und jeder Verlag des Landes, sei er nun groß oder klein, dort vertreten sein würde. Jean versprach, mich zu begleiten.

Als der große Tag gekommen war, hatte ich die Grippe und fühlte mich hundeelend. Der bloße Gedanke, mich anzuziehen, meine Unterlagen zusammenzustellen, zum Messegelände zu fahren und an kilometerlangen Reihen von Ausstellungsständen vorbeilaufen zu müssen, erschien mir unerträglich. Woher sollte ich die Energie nehmen, auf Leute zuzugehen, mich mit ihnen zu unterhalten und vielleicht sogar noch ihr Interesse an meinem Buch zu wecken?

Ich sagte Jean, daß ich nicht in der Lage sei zu gehen. Sie war sehr teilnahmsvoll, hielt mir jedoch entgegen, daß diese Messe wirklich eine einmalige Chance sei. Schließlich gelang es ihr, mich mit meinen eigenen Argumenten zu überzeugen. Also ging ich hin. Beim Schlendern durch die Messehallen machte Jean beim Stand eines Verlegers halt. Sie drängte mich, die anwesende Person anzusprechen. So kam ich mit Annie Cohen ins Gespräch. Ich schickte ihr mein Manuskript ... das war vor einigen Jahren. Das Buch, das damals entstand, halten Sie nun in einer mittlerweile überarbeiteten Fassung in der Hand.

Diese Geschichte demonstriert, wie ertragreich es sein kann, Messen zu besuchen, und ebenso, wie wichtig und angenehm es ist, Unterstützung und Hilfe zu bekommen. Meine Freundin hat mir nicht nur die Richtung – und dies ganz wörtlich genommen – gewiesen. Sie hat mich auch sanft zu meinen Zielen geleitet, selbst wenn ich mich lieber unter der Bettdecke verkrochen hätte.

Zusammenfassung

Handelsmessen oder Kongresse bieten eine einmalige Gelegenheit, Ihre Kontakte zu erweitern, Produkte oder Dienstleistungen anzubieten oder zu erwerben und sich dabei gut zu unterhalten. Wo sonst gibt es eine solche Fülle von Möglichkeiten? Hier können Sie Ihre Fähigkeit, auf Menschen zuzugehen und Kontakte zu knüpfen, wirklich unter Beweis stellen.

Um das Beste daraus zu machen und sich nicht von den Ereignissen überrollen zu lassen, sollten Sie im voraus planen:

1. Wie das Büro während Ihrer Abwesenheit reibungslos funktioniert
2. Welche Ziele Sie auf der Messe oder dem Kongreß verfolgen und welche Arbeit Sie erledigen wollen
3. Was nach der Messe getan werden muß

In der Messehalle halten Sie sich am besten an folgende Tips:

- Lesen Sie die Broschüren.
- Erstellen Sie einen Plan.
- Machen Sie Termine im voraus ab.
- Laden Sie bestehende und potentielle Kunden zum Besuch Ihres Messestandes ein.
- Halten Sie sich an Ihre Eßgewohnheiten und führen Sie Ihr übliches Fitneßprogramm durch.
- Nehmen Sie an Sitzungen und Konferenzen teil (sie erhalten dadurch auch jede Menge Gesprächsstoff).

Auf einer Messe ist Ihre Kontaktfähigkeit noch mehr gefordert als in Ihrem Arbeitsalltag. Nehmen Sie die Herausforderung an, ergreifen Sie die einmalige Gelegenheit – und genießen Sie sie!

15 Regeln im Umgang mit »High-Tech-Spielzeugen«

In diesem Kapitel geht es nicht um die neuesten technischen Errungenschaften auf dem Elektronikmarkt, sondern um den korrekten Umgang mit ihnen – wie, wann und wo man sie benutzen bzw. nicht benutzen sollte.

Ich finde es bedauerlich, daß dieses Thema angeschnitten werden muß, aber die groben Fehleinschätzungen beim Einsatz dieser Technologien sprechen für sich …

Bereits 1991 schrieb ich über den Mißbrauch des Mobiltelefons. Nun, mehr als zehn Jahre später, haben diesbezügliche Schauergeschichten ähnlich rasant zugenommen wie die Modem-Übertragungsgeschwindigkeit. Pager, Handy und Laptop sind mittlerweile zu Alltagsgegenständen geworden. Weil Terminkalender nun auf Computern geführt werden, benötigen wir Speicherplatz, um Termine zu vereinbaren, die sich dann natürlich leicht ändern, überschreiben oder löschen lassen. Als ich neulich versuchte, mit einem befreundeten Kunden einen Termin für eine Besprechung festzulegen, entschuldigte sich dieser: »Tut mir leid, daß es so lange dauert, aber mein Computer hat eine Störung.« »Nimm einen Terminkalender und einen Stift in die Hand, und du hast niemals eine Störung!« erwiderte ich.

Haben uns diese elektronischen Geräte das Leben erleichtert? In vielerlei Weise, ja. Andererseits muß sich die gemachte Ausgabe unbedingt als berechtigt erweisen und unsere hohen Erwartungen erfüllen. Dies erinnert mich ein wenig an die Zweihundert-Euro-Schuhe, die ich mir während eines geschäftlichen Aufenthaltes in Las Vegas gekauft habe. Verleitet dazu hatte mich der Rat einer Modeexpertin, die meinte, daß Designer-Schuhe zu meinem neuen Kleid ein Muß seien und die »maßgeblichen« Leute dies bestimmt registrieren würden. Ja, diese Schuhe sehen wirklich gut aus (aufgefallen sind sie allerdings nie jemandem), aber sie sind nicht gerade bequem. Doch um meinen Kauf zu rechtfertigen und um meine Schuldgefühle zu beschwichtigen, trage ich sie ... so ungefähr viermal im Jahr. Ob es sich nun um ein Paar Designer-Schuhe, die sündhaft teuren Lautsprecherboxen für die Zweizimmerwohnung oder den Pager, der während eines wichtigen Gesprächs unter vier Augen zu vibrieren (oder, Gott bewahre, zu piepsen) beginnt, müssen wir uns fragen: Brauchen wir dies (zumindest bei dieser Gelegenheit) wirklich? 1991 schrieb ich über einen Mann, dessen Pager während einer eindringlichen Szene im Theater zu piepsen begann. Seitdem sind solche Vorkommnisse zu einer Alltäglichkeit geworden: Menschen ruinieren Theaterabende, Mahlzeiten, Gespräche, Parties und Meetings durch eingeschaltete Pager oder Handys, die sich als Störenfriede entpuppen.

In manchen Ländern, so habe ich gehört, ist der Gebrauch (bzw. Mißbrauch) von Mobiltelefonen noch verbreiteter. Wie Kolleginnen mir erzählten, unterhalten sich in den Restaurants in Hong Kong und Australien die meisten Leute während des Essens – mit ihrem Handy!

Oft lese und höre ich von erbauenden Lebenskonzepten der östlichen Kulturen wie »im Augenblick leben« und »in sich hineinhören«. Für mich ist es allerdings nicht frei von Ironie, wenn Menschen, die sich dazu bekennen, »im Augenblick zu leben«, einen Pager tragen – um ständig bereit für den nächsten Augenblick zu sein.

Ständige Erreichbarkeit

Natürlich sind Pager auch sinnvoll – wenn wir in Notsituationen, im Berufs- oder Privatleben von unseren Partnern, Chefs, Eltern oder Kindern erreicht werden müssen. Wenn ein Anlaß jedoch auf diese Weise unterbrochen wird, irritiert dies all jene, die sich mit uns gerade in dem Raum befinden, in dem wir vielleicht arbeiten, essen, Sport treiben oder ein Familienfest feiern. Die unausgesprochene Botschaft lautet: Wer immer mit mir zusammen ist und was immer ich gerade tue, ist mir nicht so wichtig wie die Person, die mich erreichen möchte.

Es ist übrigens keine Frage des Alters oder des Geschlechts, diese »ständige Erreichbarkeit« trifft man überall an. Auch auf die Gefahr hin, daß Sie mich für altmodisch halten – ich möchte nicht für andere erreichbar sein, wenn ich in einer Konferenz bin, an einer Party teilnehme oder mit jemandem zu Abend esse.

Selbst mein »kleiner« Bruder Ira, dieser liebenswürdige, unkomplizierte Zeitgenosse, geriet kürzlich in ein Pager-Dilemma. Früher, als er noch mit unserem Vater zusammenarbeitete, brauchte er bei seinen morgendlichen und abendlichen Aufenthalten im Fitneßstudio nicht erreichbar zu sein.

Erst als er nach dem Tod unseres Vaters das Geschäft übernahm, begann er einen Pager mit sich zu führen. Eines Tages piepste dieses Gerät, als er sich mit Julie, seiner Sportkameradin, im Fitneßstudio trimmte. Die Nummer verriet ihm, daß es ein Lieferant war. Ira entschied, erst am nächsten Morgen zurückzurufen. Doch nun bekam er Ärger mit Julie. »Sie erklärte mir empört, es sei unhöflich, nicht sofort zu antworten. Ihr Standpunkt lautete: Warum einen Pager mit sich herumtragen, wenn man Geschäftsanrufe nicht beantwortet? Ich wiederum sehe es anders. Hätte ich im Büro eine Besprechung gehabt, hätte ich diese auch nicht unterbrochen, um zurückzurufen. Wir haben andere um uns herum gefragt, wie sie die Sache sehen, und sofort kam ein lebhafter Meinungsaustausch in Gang. Auf einmal redete jeder mit jedem. Das war ein netter Nebeneffekt«, meinte Ira, und lachend fügte er hinzu: »Übrigens findet Julie immer noch, daß ich mich falsch verhalten habe.«

Mittlerweile besitzen Millionen von Menschen ein Mobiltelefon. Daß bei einer solchen Zahl auch viel Mißbrauch getrieben wird, liegt auf der Hand. Jeder von uns kann ein Lied von unhöflichem, unangemessenem, rücksichtslosem Gebrauch von Handys singen. Gleichermaßen gibt es natürlich auch Geschichten, in denen das Mobiltelefon zum Lebensretter wurde.

In Texas ist ein Richter dazu übergegangen, Strafen wegen Mißachtung des Gerichts gegen Leute zu verhängen, deren Handy während einer Gerichtsverhandlung läutet. Die Betroffenen waren zu einem Drittel Rechtsanwälte und zu zwei Dritteln Zuschauer. Als einmal sogar das Handy eines Mannes läutete, der sich gerade im Zeugenstand befand, geriet der Richter außer sich …

Besonders im Gastgewerbe wird über den Mißbrauch des Mobiltelefons geklagt. In einigen Restaurants werden Handybesitzer mittlerweile gebeten, zum Telefonieren den Raum zu verlassen.

Leuten, denen der richtige Umgang mit dem Handy nicht geläufig ist, können auch lukrative Geschäftsaufträge entgehen. So erzählte mir die Marketingdirektorin eines Internet-Unternehmens folgende Geschichte: Sie wurde beauftragt, eine neue Werbeagentur zu engagieren, die einen immensen Monatsetat erhalten sollte. Beim dritten Zusammentreffen mit einer Agentur arrangierte sie ein Gespräch auf der obersten Führungsstufe. »Nach den ersten drei Minuten läutete das Handy des Chefs der Werbeagentur – und er nahm den Anruf entgegen. Damit hatte er eine jährliche Einnahme von nahezu einer halben Million Euro verspielt.«

Egozentriker auf dem Vormarsch

Tatsächlich nehmen Menschen Anrufe mitten in einem Spielfilm, einer Theateraufführung oder einer Oper entgegen. Für die anderen, die für das abendliche Vergnügen (und möglicherweise auch noch für den Babysitter) bezahlt haben, ist es ärgerlich, von einem Handybenutzer gestört zu werden. Viele Kinos verbieten den Gebrauch von Mobiltelefonen während der Vorstellung und lassen einen entsprechenden Trailer im Vorprogramm laufen. Doch manche Leute ignorieren diese Bitte, auf den Gebrauch von Handys während der Filmvorführung zu verzichten. Die

»Jetzt essen Sie erst einmal in Ruhe, und dann reden wir über die Rückgabe Ihres Handys.«

eigene Person und ihre Bedürfnisse werden immer wichtiger genommen. Vor einiger Zeit unterbrach ein Schauspieler sogar eine Broadway-Aufführung, um einen Handybenutzer aufzufordern, den Saal zu verlassen. Dies wurde mit lautem Beifall bedacht. Daß ein Schauspieler »aus der Rolle fällt«, ist eher ungewöhnlich. Er muß wohl sehr erzürnt gewesen sein.

Außerdem ist es unangenehm, unfreiwillig Zeuge von Telefongesprächen zu werden. Die Geschäftsführerin einer Boutique klagt: »Mir bleibt nichts anderes übrig, als den Gesprächen meiner Kundinnen zuzuhören, wenn diese Anrufe entgegennehmen. Ich mag das nicht, denn ihr Privatleben geht mich nichts an.«

Noch eine kleine Nebenbemerkung: Jahrzehntelang schafften es Ärzte, zu ihren Patienten zu kommen, um Babys auf die Welt zu bringen oder Notoperationen vorzunehmen, ohne über Piepser, Pager oder Handy zu verfügen. Sie gingen auf Partys, ins Restaurant, zu Konzerten und anderen Anlässen und wurden, wenn es nötig war, trotzdem gefunden. Erstaunlich! Es gab ein Leben – und lebensbedrohliche Situationen –, bevor Handy und Pager erfunden wurden.

Ein pensionierter Kinderarzt bedauert, daß es in seiner aktiven Zeit noch keine Mobiltelefone gab. Dies hätte die damals üblichen Hausbesuche bei kranken Kindern so viel einfacher gemacht. »Welch Ironie des Schicksals«, fügte der Arzt hinzu, »heute haben wir Mobiltelefone und Pager, aber niemanden mehr, der Hausbesuche macht!«

Nichts ist mehr heilig

Vor einigen Jahren nahm ich am Trauergottesdienst für einen jungen Mann teil. Mitten in einem Gebet passierte das Unvorstellbare: Ein Handy läutete. Mir verschlug es den Atem! Wie konnte jemand so egozentrisch und rücksichtslos sein! Ich hoffte inständig, daß die Eltern und Verwandten des Verstorbenen nichts gehört haben mochten.

Vielleicht hat der Übeltäter einfach vergessen, das Handy abzuschalten. Doch im Grunde sollten Mobiltelefone überhaupt nicht in Gottesdienste, und schon gar nicht in Trauergottesdienste, mitgenommen werden. Ein klingelndes Handy in einer solchen Umgebung stellt eine unverzeihliche Überschreitung der Grenzen des guten Geschmacks dar und wird von den Anwesenden nicht so schnell vergessen werden.

Damals war ich überzeugt, daß es sich um eine einmalige Missetat gehandelt hatte, bis mir bei einem Seminar von einem ähnlichen Ereignis berichtet wurde. Eine der Teilnehmerinnen erzählte folgendes: »Beim Trauergottesdienst läutete zu unserem großen Entsetzen das Handy einer Frau. Und weil diese direkt neben mir saß, quälte mich zu allem hin noch der Gedanke, die anderen könnten meinen, es wäre mein Telefon gewesen.«

Die Tücken der Konferenzschaltung

Vor einiger Zeit hielt ich im Rahmen einer Schulung mehrere Vorträge für ein bekanntes internationales Ausbildungszentrum. Dabei sollten die Teilnehmer auch mittels Konferenzschaltung gewisse Daten und Details durchgehen. Als ich gegen Ende der Schulung den Telefonhörer in die Hand nahm, um eine Nummer zu wählen, vernahm ich Stimmen: Zwei Frauen unterhielten sich. Sie hatten offensichtlich ein technisches Detail nicht beachtet, nämlich das Ausschalten des »Konferenzgesprächs«. Ich blieb in der Leitung und hörte mir die dummen und abschätzigen Kommentare über die Schulung an. Hätten die beiden die

Technik der Konferenzgespräche besser gemeistert, wäre mir ein großartiger Gesprächsstoff, auf den ich noch häufig zurückgegriffen habe, entgangen. Ich entschied, die beiden nicht sofort mit der Sache zu konfrontieren. Irgendwann würde sich bestimmt eine Gelegenheit bieten ... und so ist es dann auch gekommen.

Unterricht – nicht nur für Kinder

Eigentlich sollten Eltern wissen, wie mit einem Handy umzugehen ist. Weil diese Annahme nicht immer zutrifft, müssen die Institute, die dazu da sind, Kindern etwas beizubringen, auch Eltern etwas beibringen. Dazu meinte jemand: »Wenn die Schule nicht nur die Kinder, sondern auch die Eltern unterrichtet, dann sind die Schulgebühren wirklich ihr Geld wert.«

In einer Schulzeitschrift richtete der Rektor folgenden Appell an die Eltern: »Bitte, schalten Sie Ihr Mobiltelefon aus, wenn Sie dem Unterricht beiwohnen oder Schulveranstaltungen besuchen.« Anscheinend wurden immer wieder öffentliche Unterrichtsstunden und sonstige Schulveranstaltungen durch das klingelnde Handy der Eltern gestört. Den Kindern vermittelt man dadurch indirekt: »Du, mein Kind, bist mir nicht so wichtig wie der Anruf von irgend jemand anderem.«

Als ehemalige Lehrerin weiß ich, daß solche Geräusche die Aufmerksamkeit beeinträchtigen. Zu unseren Aufgaben damals gehörte es, störende Schüler in ihre Schranken zu weisen. Die Lehrer von heute haben zudem die Aufgabe, störende Eltern zu erziehen. In dem erwähnten Rundschreiben wurden Eltern auch daran erinnert, ihren Kindern zu verbieten, das Handy mit in die Schule zu nehmen. Wahrlich, die Zeiten haben sich geändert!

Ein Handy-Fragespiel

Haben Sie in den folgenden Situationen schon einmal einen Handy-Anruf entgegengenommen?

	Ja	Nein
1. Im Kino oder Theater (während der Aufführung?)	❑	❑
2. In einer Konferenz?	❑	❑
3. Bei einem Geschäftsessen mit Kunden?	❑	❑
4. Bei einem Rendez-vous?	❑	❑
5. Bei einer Trauerfeierlichkeit?	❑	❑
6. Bei einem Gottesdienst?	❑	❑
7. Bei einer Hochzeitsfeier (ihrer eigenen)?	❑	❑
sonst jemandem)?	❑	❑
8. Bei einem Vortrag?	❑	❑
9. Im Restaurant?	❑	❑
10. Bei einer Party?	❑	❑

Haben Sie nur einmal mit Ja geantwortet, sollten Sie dieses Kapitel noch einmal lesen!

Wenn Sie bei jemandem im Büro sind und dieser die Weisung durchgibt: »Bitte keine Telefonate durchstellen«, dürfen Sie sich geschmeichelt fühlen. Es ist schön, die volle Aufmerksamkeit geschenkt zu bekommen.

Der richtige Umgang mit Autoradio und Faxgerät

Stellen Sie das Autoradio leise oder, noch besser, schalten Sie es ganz aus, wenn ein Familienmitglied, Kollege, Freund oder Mitarbeiter in Ihrem Auto mitfährt. Es sei denn, sie beide möchten unbedingt eine bestimmte Musik, Nachrichten oder die Übertragung eines Fußballspiels hören.

Auch Faxgeräte werden allzuoft über Gebühr eingesetzt. So hat eine meiner Kolleginnen einmal unaufgefordert ein zwanzig Seiten umfassendes Fax von professionellen Rednern erhalten, die gerne mit ihr zusammenarbeiten wollten. »Ich kenne diese Leute nicht. Sie okkupieren mein Faxgerät, ohne mich gefragt zu haben, ob ich gewillt bin, mir das gesandte Material anzusehen. Können Sie sich vorstellen, welchen Eindruck, das auf mich macht? Wieso sollte ich meinen Kunden Redner empfehlen, die so wenig Gespür für den anderen haben?«

Eine Mitarbeiterin eines Rundfunksenders stößt in dasselbe Horn: »Die Leute erkunden unsere Website und fügen die ausfindig gemachten Adressen einfach ihren Kontaktlisten bei. An die Adressen auf ihrer Liste senden sie dann jede Menge E-Mails oder Faxe über Ihre Dienstleistung oder das Produkt, das sie verkaufen – ohne vorher herauszufinden, ob es überhaupt erwünscht ist. Jemand hat mir zweiundvierzig Seiten über sein Produkt gesandt! Für mich ist das keine hartnäckige Verfolgung eigener Interessen, sondern schlicht eine Unverfrorenheit.«

Der korrekte Umgang mit den »High-Tech-Spielzeugen« des einundzwanzigsten Jahrhunderts hat viel mit dem Respekt und der Achtung vor unseren Mitmenschen zu tun. Wir sollten beim Gebrauch dieser Geräte Rücksicht walten lassen und sie bei Veranstaltungen, Parties und Konferenzen ganz ausschalten, damit die anderen sich nicht gestört fühlen.

Zusammenfassung

- Benutzen Sie Ihr Mobiltelefon nur, wenn es angebracht ist.
- Achten Sie darauf, daß Ihr Handy oder Pager mit einem Vibrationsalarm ausgestattet ist.
- Wählen sie einen unaufdringlichen Rufton (nicht geeignet ist beispielsweise die Einleitung zur Willhelm-Tell-Ouverture).
- Lassen Sie Ihr Handy im Auto, im Büro oder zu Hause, wenn seine Nutzung stören würde (siehe unten).

Gehen Sie ohne Ihr Handy
- in die Kirche oder Synagoge
- zu einer wichtigen Sitzung
- zu einem Trauergottesdienst
- zur Schulveranstaltung Ihres Kindes
- zu einem Rendez-vous
- ins Kino, Theater oder in die Oper
- zu einem Vorstellungsgespräch
- zu einer Hochzeit oder einem Familienfest
- in ein Krankenzimmer
- in ein Restaurant

Schreien Sie nicht laut, um verstanden zu werden. Es hilft nicht, sondern ärgert nur die Leute um Sie herum!

16 Die Kunst der Kommunikation: Ein Hoch auf die Vielseitigkeit

Typisch für unsere Gesellschaft des einundzwanzigsten Jahrhunderts ist ihre Vielfältigkeit. Bei Kongressen, Konferenzen, Handelsmessen, Gemeindeversammlungen, Firmenfesten etc. treffen Sie die unterschiedlichsten Menschen. Sich mit ihnen wohl zu fühlen, sich ihnen gegenüber richtig zu verhalten ist eine Kunst, zeugt von gutem Benehmen und ist förderlich fürs Geschäft.

Nach einem Vortrag in Florida sagte mir ein Verkaufsleiter aus der Hotel- und Gaststättenbranche, daß sein Umzug von Washington nach Sarasota einem Kulturschock gleichgekommen sei. »Um in meiner neuen Umgebung Geschäfte machen zu können, mußte ich meine Gesprächsführung ändern, mein Gedächtnis schulen und geduldiger werden! Wenn ich mich nicht nach dem Fußballturnier der Tochter oder der Rosenzucht der Großmutter erkundigte, kam ich nicht weiter. An solche Unterhaltungen war ich nicht gewohnt. Ich mußte lernen, mich zurückzunehmen und gut zuzuhören.«

Die Unterschiede, auf die wir stoßen, können geographischen, ethnischen, religiösen, sozialen oder kulturellen Ursprungs sein. Seit neuestem ist auch das Alter ein Thema. Das Gute an der Vielfalt: Wir lernen von Leuten, die anders sind als wir.

Graue Eminenzen

Kluge Führungskräfte und Manager bedienen sich der Erfahrung anderer. So hat Bill Gates zur Problembewältigung bei Microsoft ein Team von erfahrenen Topleuten im Alter von zweiundfünfzig bis zweiundsechzig zusammengestellt. Er schätzt ihre Erfahrung und verläßt sich auf ihr Wissen und ihren Sachverstand.

Eine Abneigung gegen ältere Arbeitnehmer ist immer noch weit verbreitet. Doch langsam setzt sich in den High-Tech-Firmen die Erkenntnis durch, daß Erfahrung und Können im Management über die Jahre hin erworben werden – Jahre, in denen das Haar ergrauen kann.

Diese Kehrtwendung auf dem Arbeitsmarkt ist eine faire Angelegenheit. Gegenseitige Achtung ist keine Frage des Alters. Die einen können dies und die anderen jenes besser. Wir alle müssen bereit sein, vom anderen zu lernen.

Nur Törichte glauben, alles zu können

Weil nur Törichte glauben, alles zu können, ist es keine Schande zuzugeben, daß man etwas nicht kann. Weshalb zum Beispiel gehe ich zum Essen ins Restaurant? Als dieses Buch geschrieben war, habe ich mich mit Bleistift und Radiergummi an die Überarbeitung gemacht. Becky Gordon, die gut mit dem Computer umgehen kann, hat mein Gekritzel dann in die endgültige Form gebracht. (Bitte schicken Sie mir keine E-Mail, um mich auf meine antiquierte Methode hinzuweisen. Ich bin mir dessen bewußt und habe schon viele bedauernde Blicke wegen meiner mangelnden technischen Begabung geerntet.)

Als vor über fünf Jahren meine Website eingerichtet wurde,

mußte ich, um sie aufzurufen, einen fünfzehnjährigen Schüler engagieren. Er brachte mir die nötigen Schritte bei. Ich staunte über sein Geschick im Umgang mit Computer und Internet. Er hat mich viel gelehrt, und ich war ihm dankbar dafür.

Wer selbständig arbeitet, sollte das tun, was er oder sie am besten kann, und sich für den Rest nach Hilfe umschauen. Deshalb vergeben kleinere Unternehmen Aufträge an Buchhalter, Steuerberater, Graphiker, Rechtsanwälte und sonstige Berater.

Brücken bauen

Es ist interessant, sich mit den unterschiedlichsten Leuten zu unterhalten, manchmal aber auch etwas schwierig. Auf jeden Fall sollten wir uns davor hüten, ein gönnerhaftes oder gar überhebliches Verhalten zu zeigen. Vielleicht stellt sich ja heraus, daß ein Mensch, der so anders ist als wir, uns sehr hilfreich sein kann.

Die Afro-Amerikanerin Sharon Gangitano stellte für eine multikulturelle Studie mehrere Untersuchungen an. Ihr Rat für private als auch geschäftliche Gespräche mit Menschen anderer Herkunft lautet schlicht und einfach: »Rede mit denen, die anders sind als du, so, wie du mit denen redest, die sind wie du.«

Es gibt mehr Gemeinsamkeiten und Berührungspunkte, als wir glauben. Konzentrieren wir uns also darauf. So waren alle Menschen einst Kinder, die meisten gingen zur Schule, verfügen über irgendwelche Interessen und Talente und haben Eltern oder sind Eltern. Wir alle wollen in Sicherheit leben, ein gemütliches Zuhause haben, frei von finanziellen Sorgen sein und uns guter Gesundheit erfreuen. Manche lieben es, ins Kino zu gehen, andere üben eine Sportart aus, und wieder andere haben eine Vorliebe für Künste. Viele Leute lesen Bücher und haben ihre Lieblingsautoren. Andere schauen sich gern bestimmte Sendungen im Fernsehen an. Und es gibt fast niemanden, der sich nicht über ein gutes Essen freut.

Bei der Arbeit, bei Konferenzen, Meetings, Kongressen oder Parties treffen wir auf Leute, die sichtlich anders sind als wir. Es wäre ein Fehler, sie zu ignorieren oder links liegen zu lassen. Denken Sie immer daran: Wir haben mehr Gemeinsamkeiten und Berührungspunkte, als wir glauben, und das, was anders ist, erweitert unseren Horizont.

Es gibt auch Menschen, die auf eine unsichtbare Weise anders sind als wir. Vielleicht sprechen sie mit einem Akzent, weil Englisch nicht ihre Muttersprache ist, vielleicht empfinden sie bei einem kräftigen Händedruck Schmerzen, weil sie unter einem Karpaltunnel-Syndrom leiden, vielleicht beeinträchtigt sie ein Hörschaden, der sich bei Nebengeräuschen bemerkbar macht.

Beachten Sie einige Regeln, wenn Sie sehen, daß jemand ein Hörgerät trägt oder sich während eines Gesprächs die Hand hinter das Ohr hält:

- Sehen Sie beim Sprechen Ihr Gegenüber an.
- Sprechen Sie deutlich.
- Unterstreichen Sie Ihre Worte durch Mimik.
- Halten Sie beim Sprechen nicht die Hand vor den Mund oder das Gesicht.
- Hören Sie geduldig zu.
- Reden Sie nicht lauter.
- Nehmen Sie nicht von vornherein an, daß Hörgeschädigte die Zeichensprache verstehen.

Wenn Sie von jemandem auf eine Frage keine Antwort erhalten, ist dies vielleicht keine Unhöflichkeit, sondern durch die Taubheit des anderen bedingt. Ich kenne mindestens zwanzig Personen, die auf einem Ohr gar nichts oder auf beiden Ohren schlecht hören. Die vielen Jahre Rock 'n' Roll und der sonstige Lärmpegel haben ihren Tribut gefordert.

Reden Sie bei geschäftlichen oder gesellschaftlichen Anlässen auch mit Leuten, die sich auf Krücken stützen oder im Rollstuhl sitzen. Lori Sneed, deren Vater ich vor vielen Jahren im Flugzeug kennengelernt habe, ist seit einem Autounfall querschnittgelähmt. Dies hindert sie nicht, ihre Umwelt mit einem sehr wachen Verstand wahrzunehmen: »Oft reden die Leute mit mir besonders laut und deutlich. Ich habe schon zu mehreren Kellnern gesagt, daß ich zwar nicht laufen, aber noch sehr gut hören kann.«

Ein großer Fehler, den wir machen können, ist, Leute nur nach ihrem Aussehen zu beurteilen. Der junge Mann in Jeans und Turnschuhen mit dem Piercing in Ohr und Nase könnte der Gründer einer Firma mit hohen Risikokapital im Rücken sein.

Und einige Führungskräfte reden vielleicht mit einem Akzent, der uns dazu zwingt, genauer hinzuhören und uns in Geduld zu üben. Wir leben schließlich in einer globalen Welt und haben es daher mit den unterschiedlichsten Leuten zu tun.

Ist Alter ein Maßstab?

Eine Steuerberaterin beklagte sich kürzlich über den jungen Computerfachmann einer Kundenfirma, der ihr und ihren Kollegen bei einem neuen Computersystem behilflich sein sollte: »Er benahm sich, als ob wir uns absichtlich blöd anstellten. Wir, die wir seit Jahren alle Steuerangelegenheiten seiner Firma erledigen, würden niemals erwarten, daß seine Chefs alle Änderungen im Steuergesetz kennen.«

Ihr Rat für eine gute Zusammenarbeit lautet: »Seien Sie nachsichtig. Jeder hat andere Fähigkeiten, und jeder gibt sein Bestes. Wir können alle viel voneinander lernen.«

Ausschlaggebend ist unsere Einstellung. Wir sollten neuen Möglichkeiten und Herausforderungen mit Interesse und Begeisterung begegnen, und wir müssen auf andere Menschen zugehen, weil jeder neue Kontakt unser Leben bereichern kann.

Zusammenfassung

- Seien Sie nett zu allen!
- Menschen können sich auf vielerlei Arten unterscheiden.
- Betrachten Sie Andersartigkeiten als eine Erweiterung Ihres Horizontes.
- Urteilen Sie nicht nach der äußeren Erscheinung.
- Suchen Sie nach Gemeinsamkeiten.
- Reden Sie mit denen, die anders sind als Sie, so, wie Sie mit denen reden, die sind wie Sie.
- Allen Menschen gegenüber offen sein zeugt von gutem Benehmen und ist gut fürs Geschäft.
- Konzentrieren Sie sich auf das Ereignis, denn dies ist der gemeinsame Nenner.

Wir wissen nie, von wo der nächste Job, der neue Kunde, die Eintrittskarte zu den Fußballmeisterschaften oder die neue Freundin kommen werden!

17 Wie man die Welt flugs und zügig erobert

Eines ist sicher: Wer auf andere Menschen zugehen kann, erreicht mehr und hat mehr Freude am Leben.

Sie haben jetzt einige gute Hilfsmittel an der Hand, und Ihre Kenntnisse und Ihre neu erworbene Geschicklichkeit tragen vielleicht schon die ersten Früchte. Warum sollten Sie Ihre Fähigkeit, auf andere zuzugehen und Sympathien zu gewinnen, auf Konferenzen beschränken oder auf Messen, Cocktailparties, Geschäftsessen und bestimmte gesellschaftliche Anlässe?

Warum nicht aus jeder Situation das Beste herausholen, und zwar überall auf der Welt? Das »Schlimmste«, was passieren könnte, wäre, daß Sie Ihr Leben intensiver genießen und vielleicht sogar neue Freunde hinzugewinnen und Ihren geschäftlichen Erfolg steigern. Die zufällige Unterhaltung mit einem Fremden kann ein wenig Heiterkeit in Ihren (oder seinen) Tag bringen.

Das Füllhorn der Kontakte

Wo können Sie Ihre Kontaktfähigkeit ausprobieren? Überall! Zum Beispiel:

- im Flugzeug
- auf dem Golfplatz

- im Schwimmbad
- an der Kegelbahn
- auf der Tribüne des Sportstadions
- im Nachtclub oder Theater
- auf der Laufstrecke
- im Supermarkt
- im Fitneßstudio
- im Warenhaus
- im Fahrradgeschäft
- an der Sushi-Bar
- im Videoverleih
- im Haushaltswarengeschäft
- in der Bank
- im Buchladen
- überall, wo Sie hingehen

Normalerweise gehen wir an diese Orte nicht in der Absicht, neue Kontakte zu knüpfen, aber während Sie in der Warteschlange vor der Kasse des Supermarkts stehen, können Sie doch ein nettes Schwätzchen halten? Werden Sie bei dieser Gelegenheit einen tollen Geschäftsabschluß in die Wege leiten? Wahrscheinlich nicht, aber wer weiß? Das ist ohnehin nicht das Entscheidende. Entscheidend ist vielmehr, offen für die Möglichkeiten des Lebens zu sein und sich dabei noch zu amüsieren. Und vielleicht ergibt sich ja etwas daraus!

Natürlich müssen Sie ein wenig Vorsicht walten lassen. Es gibt bestimmte Stadtteile, in denen Sie wahrscheinlich nicht unbedingt Kontakte knüpfen möchten, vor allem nicht bei Nacht. Aber was könnte es schaden, mit dem Verkäufer in der Elektroabteilung ein wenig zu plaudern? Vielleicht finden Sie dabei endlich heraus, wie der komplizierte DVD funktioniert, wie eine Mail gestaltet werden kann (etwas, das sie seit zwei Jahren nicht richtig auf die Reihe gekriegt haben), oder Sie bekommen die Adresse von einem erstklassigen Restaurant, in dem noch alles frisch zubereitet wird.

Begegnungen auf höherer Ebene

Flugzeuge sind wie geschaffen, interessante Menschen kennenzulernen. Ein zusätzlicher Vorteil des Flugzeugs: Ihr Gesprächspartner kann Ihnen nicht davonlaufen! Einen der wichtigsten Menschen in meinem Leben traf ich auf einem Kurzstreckenflug. Wir verbrachten eine ganze Stunde damit, zu plaudern, zu lachen und über Artikel und Bücher zu diskutieren. Wir verstanden uns bestens – auf einer höheren Ebene, versteht sich! Hätte ich nicht den Mut gehabt, ihn anzusprechen, dann hätte ich ihn wahrscheinlich niemals kennengelernt.

Bisweilen möchte ein Sitznachbar oder eine Sitznachbarin aber auch lieber in Ruhe gelassen werden. Wenn Sie bemerken, daß jemand beschäftigt oder in seine eigenen Gedanken versunken ist, halten Sie sich besser zurück.

Gespräche in der Öffentlichkeit

Wie wir mit Menschen reden und sie behandeln, kann belauscht, beobachtet und weitererzählt werden. Dies ist ein Grund – aber natürlich nicht der einzige –, warum wir den Leuten, die uns ihre Dienste zur Verfügung stellen, mit Achtung und Höflichkeit zu begegnen haben.

Der Angestellte des Schuhreparatur- oder Kopierdienstes verdient es ebenso wie die Kellnerin in der Kaffeebar, freundlich und respektvoll behandelt zu werden.

Selbstverständlich ist auch Eile keine Entschuldigung für mangelnde Höflichkeit.

Eine Freundin hatte neulich bei einer Party folgendes Erlebnis: »Ich plauderte mit einem vor kurzem pensionierten Ehepaar, die mir einige interessante Geschichten über den Verkauf ihrer chemischen Reinigung erzählten. Als die beiden herausfanden, daß ich eine Agentur für freiberufliche Redner leite, fanden sie das unheimlich interessant und berichteten mir, daß zwei ihrer ehemaligen Stammkunden als selbständige Vortragsreisende gearbeitet hätten. Einer davon sei die Liebenswürdigkeit in Person gewesen, der andere hingegen ein unangenehmer Angeber. Einmal habe er sogar behauptet, mit dem Honorar für zwei Reden ihr Geschäft aufkaufen zu können. Und dann nannten sie mir seinen Namen.«

Da die Welt manchmal recht klein zu sein scheint, kannte sie ihn – auf einer Party war er ihr wegen seines schlechten Benehmens aufgefallen: »Er war betrunken, laut und widerwärtig.« Durch die Aussage des Ehepaares wurde ihr klar, daß sein Verhalten bei der Party kein einmaliger Ausrutscher gewesen war. »Ich werde ihn nie einem meiner Kunden als Redner empfehlen. Auf sein Verhalten ist keinerlei Verlaß.«

Denken Sie also daran: Ihr Tun und Lassen in der Öffentlichkeit kann beobachtet und gegebenenfalls gegen Sie verwendet werden!

Die gemeinsame Basis

Wenn Sie einen Kontakt knüpfen möchten, suchen Sie nach der gemeinsamen Basis. Wo auch immer Sie sich befinden, die Leute, die ebenfalls dort sind, haben etwas mit Ihnen gemeinsam.

Wer auf dem Golfplatz steht, teilt mit den anderen das Interesse am Golfspiel. Wenn Sie regelmäßig im Wald joggen, werden die meisten Leute, die Sie dort treffen, ebenfalls Läufer sein – oder zumindest darüber nachdenken, ob sie nicht auch ein wenig Sport treiben sollten. Wenn Sie am Eisstand in der Schlange stehen, können die ständig neu hinzukommenden Sorten durchaus ein Thema sein, über das man sich mit anderen unterhalten kann. Bei mehr als einer Gelegenheit sprach ich im Restaurant andere Gäste auf ihre Bestellung an, und manchmal teilten wir uns sogar den Nachtisch. Das kann wirklich Spaß machen!

Heute gibt es Restaurants, in denen man sich an die Theke setzen, beim Zubereiten der Speisen zusehen und etwas plaudern kann. Zwanglose Unterhaltungen haben schon oft zu Geschäftskontakten und Freundschaften geführt. Doch selbst wenn man diese zufälligen Gesprächspartner nie wiedersieht, hat die Begegnung den Tag für beide ein wenig schöner gemacht.

Als meine Freundin Lisa ein Fahrrad kaufen wollte und dazu verschiedene Marken und Preise verglich, stellte der Inhaber des Fahrradgeschäftes sie einem anderen Fahrradkäufer, einem Bäcker, vor. Ein paar Wochen später wollte sie einen Geburtstagskuchen für einen Freund kaufen. Sie ging in eine Konditorei, und wer stand hinter der Ladentheke? Der Bäcker aus dem Fahrradgeschäft. »Normalerweise hätte ich gelächelt, meine Bestellung aufgegeben und wäre gleich wieder gegangen ... mit großem Bedauern, nicht ein paar Worte mit ihm gewechselt zu haben. Aber diesmal holte ich tief Luft und sprach ihn auf unsere Begegnung an. Die Belohnung dafür, daß ich mir ein Herz faßte: ein besonders guter Service und ein köstliches Gratis-Törtchen!«

Dies ist Ihr Leben

Jeder von uns kennt eine ähnliche Geschichte: Beispiele, wie es durch Zufall zu bestimmten wertvollen Begegnungen kam. Aber im Grunde fügen sich Ereignisse nicht durch Zufall günstig, sondern weil wir uns engagieren und ein Herz fassen. Es gibt die Redewendung: »Man kann ein Lächeln nicht verschenken, es kommt immer zurück.« Dasselbe gilt von einem freundlichen Wort oder einer netten Gesprächseinleitung. Wie man in den Wald ruft, so schallt es heraus.

Ergreifen Sie die Gelegenheit, wo immer Sie gerade sind. Lächeln Sie, und sagen Sie etwas ... irgend etwas! Üben Sie sich darin, Gespräche anzuknüpfen. Sie wissen doch: Übung macht den Meister.

Was Sie gewinnen können, ist das Beste, was das Leben Ihnen zu bieten hat: Kontakt zu anderen Menschen. Kontakt und Kommunikation oder, um es etwas gefühlvoller auszudrücken, ein liebevoller Umgang der Menschen miteinander machen das Leben reich und lebendig.

Nur wer wagt, gewinnt. Die Belohnung bekommt der, der das Risiko eingeht, auch einmal zurückgewiesen zu werden, und trotzdem immer wieder aus sich herausgeht – hin zu anderen Menschen und zu einem reicheren, intensiveren Leben.

Das war das Thema dieses Buches: Gehen Sie aus sich heraus und auf andere zu! Es wird Ihnen persönlichen und beruflichen Erfolg bringen. Wenn Sie Kontakte knüpfen und die Herzen Ihrer Mitmenschen gewinnen, wo immer Sie sich befinden, wartet ein erfülltes Leben auf Sie.

Zusammenfassung

- Die Kontaktmöglichkeiten sind unendlich.
- Wie wir mit anderen in der Öffentlichkeit reden, bleibt nicht immer unbemerkt.
- Zufällige Plaudereien können zu privaten und geschäftlichen Kontakten führen.
- Zufällige Begegnungen können unser Leben verändern und bereichern.
- Lächeln Sie, und sagen Sie ... irgendetwas!

18 Die Zehn Gebote: Wie man die Herzen erobert

1. Du sollst dich vorbereiten

Hast du alles überprüft: deine Einstellung, persönliche und berufliche Ziele, die Art, wie du dich vorstellst, Gesprächsthemen, Geschäftskarten, dein Lächeln und deinen Händedruck?

2. Du sollst hingehen

Fülle das Antwortkärtchen aus, und geh hin! Übernimm zur Abwechslung auch einmal die Rolle des Gastgebers.

3. Du sollst deine Strategien ausprobieren

Lies die Namensschildchen. Nimm einen Freund mit. Unterhalte dich mit den »Mauerblümchen«. Geh auf die anderen zu und sei offen für Begegnungen. Lächle! Sei flexibel – es könnte etwas Unerwartetes geschehen. Höre deinem Gesprächspartner zu, und interessiere dich für das, was er sagt. Zieh dich taktvoll zurück, und geh dann wieder auf andere, neue Menschen zu. Verfolge den Kontakt weiter. Ruf an, oder schreib ein Dankeskärtchen.

4. Du sollst etwas sagen

Warte nicht, ergreife selbst die Initiative. Nur wer wagt, gewinnt. Lächle und nimm Blickkontakt auf. Hör zu, was der Gesprächspartner antwortet.

5. Du sollst dich höflich und liebenswürdig verhalten

Lies ein Buch über Umgangsformen, und bring dich auf den neuesten Stand. Begegne deinem Gesprächspartner mit Interesse und Respekt. Behandle jedermann höflich und aufmerksam.

6. Du sollst nicht negativ auffallen

Komm nicht zu spät. Geh nicht zu früh. Trink nicht zuviel. Fall nicht gierig über das Buffet her. Hänge dich nicht wie eine Klette an die mitgebrachte Begleitperson. Laß dein Handy zu Hause.

7. Du sollst dich an die drei »E« erinnern

Zeig Einsatzbereitschaft, bring Energie und Enthusiasmus mit.

8. Du sollst dich dem Anlaß entsprechend kleiden

Bist du unsicher, welche Kleidung angebracht ist? Dann frag nach!

9. Du sollst etwas mitbringen

Die passendsten Mitbringsel sind Höflichkeit, Herzenswärme, Charme und Courage.

10. Du sollst deinen Sinn für Humor zeigen

Halte dich daran, nur Bemerkungen oder Witze von dir zu geben, die angemessen, geschmackvoll und zeitlich passend sind.

Anhang

Häufig gestellte Fragen

Diese zwölf Fragen wurden mir in den letzten zwölf Jahren am häufigsten gestellt:

1. Wie gehe ich auf Leute zu?
Nähern Sie sich einer einzelnen Person oder einer Gruppe von drei oder mehr Personen. Lächeln Sie. Machen Sie eine Bemerkung über die gemeinsame Situation.

2. Was kann ich tun, um mich an Namen zu erinnern?
Konzentrieren Sie sich auf den Menschen. Hören Sie genau hin, wenn sein Name ausgesprochen wird. Wiederholen Sie ihn. Lesen Sie das Namensschildchen, und schauen Sie sich die Person an.

3. Was muß ich tun, um einen bleibenden Eindruck zu hinterlassen?
Seien Sie liebenswürdig, fröhlich, engagiert, an allem interessiert und ein guter Zuhörer. Erzählen Sie nur wahre Geschichten, und amüsieren Sie sich.

4. Was kann ich tun, um selbstsicherer zu werden?
Bereiten Sie sich gut vor. Lesen Sie Tageszeitungen … und ein

Heft der Klatschpresse. Haben Sie drei, vier kleinere Geschichten, ein paar Neuigkeiten sowie einige Fragen auf Lager. Üben Sie sich im Geschichtenerzählen und im Smalltalk. Reden Sie mit Leuten im Fitneßcenter, in der Warteschlange am Bahnschalter, an der Kasse des Supermarkts usw.

5. Wie werde ich meine Schüchternheit los?
Denken Sie daran: 88 Prozent aller Menschen halten sich für schüchtern. Entschließen Sie sich, etwas gegen Ihre Schüchternheit zu tun, und beobachten Sie, wie sich bewundernswert kontaktfreudige Menschen verhalten. Versuchen Sie es ihnen gleichzutun. Werden Sie Mitglied einer Laientheatergruppe, eines Literatur- oder Diskussionszirkels oder einer Gruppe, die Ihr Hobby pflegt.

6. Wie kann ich mich in eine Gesprächsrunde einbeziehen?
Halten Sie nach einer Gruppe von drei oder vier Leuten Ausschau, die in ein lebhaftes Gespräch verwickelt sind. Stellen Sie sich in ihre Nähe. Treten Sie in den Kreis, sobald Sie durch Blickkontakt oder ein paar Worte dazu ermuntert werden. Machen Sie eine Bemerkung zum Gespräch. Vermeiden Sie es, sich in den Vordergrund zu drängen.

7. Wie kann ich mich aus einem Gespräch lösen?
Mit Anstand. Reichen Sie dem anderen die Hand, und machen Sie eine abschließende Bemerkung (»Es war interessant, Ihnen zuzuhören« oder »Nett, Sie kennengelernt zu haben«). Begeben Sie sich dann in einen anderen Teil des Raumes, bevor Sie sich einer anderen Person oder einer anderen Gruppe nähern.

8. Wie finde ich heraus, ob mein Gesprächspartner weitergehen möchte?
Achten Sie auf Gesichtsausdruck, Körpersprache und verbale Hinweise. Wenn Sie es dem anderen leichtmachen, sich weiterzubewegen, wird er Sie in guter Erinnerung behalten.

9. Wie kann ich bei geschäftlichen und gesellschaftlichen Anlässen mein Beziehungsnetz verbessern?
Die Anwesenden sind voraussichtlich nicht zu dem Anlaß gegangen, um in Ihren Bekannten- und Freundeskreis aufgenommen zu werden. Alles, was Sie tun können, ist, sich mit den Menschen zu unterhalten. Wecken diese Gespräche dann ein weiteres Interesse an Ihrer Person, kann es zu einem Austausch von Visitenkarten und bleibenden Kontakten kommen.

10. Wie kann ich einen Geschäftskontakt aufbauen, ohne bei einer Person des anderen Geschlechts einen falschen Eindruck zu erwecken?
Seien Sie freundlich und offen. Kleiden Sie sich angemessen. Belassen Sie es beim Händeschütteln, vermeiden Sie jegliche andere Berührung. Achten Sie auf Ihre Sprache – keine schlüpfrigen oder zweideutigen Bemerkungen. Hüten Sie sich vor verstohlenen Seitenblicken und Kopf-bis-Fuß-Musterungen.

11. Wie komme ich vom Smalltalk zum Geschäftlichen?
Ganz vorsichtig. Smalltalk ist sehr wichtig, weil wir dadurch etwas über die Leute und ihre Interessen erfahren. Das ernsthafte Gespräch muß man sich verdienen. Achten Sie auf einen Hinweis, wann es angemessen sein könnte, das Thema zu wechseln.

12. Wie kann ich »das Eis brechen«?
Kommentare und Fragen, die sich auf das Ereignis, dessen Hintergrund oder die Organisatoren beziehen, können das Eis zum Schmelzen bringen. Ein liebenswürdiges Lächeln und Blickkontakt signalisieren dem anderen Ihre Aufgeschlossenheit.

Wie Sie mich erreichen können:
Lesen Sie meine Website: www.susanroane.com
E-Mail: Susan@SusanRoAne.com

Dank

Wie beim Schreiben meines ersten Buches hatte ich auch dieses Mal das Gefühl, einen Elefanten zur Welt zu bringen. Die Anstrengung war groß – aber ich war nie auf mich allein gestellt, weder damals noch heute.

Unzählige schenkten mir in persönlichen Gesprächen ihre Zeit, ihr Interesse, ihre Energie, ihr Wissen und ihren Humor – Freunde, Klienten und Kollegen, aber auch Fremde, die ich im Flugzeug, am Swimmingpool, in der Warteschlange des Supermarkts oder in der »Tretmühle« des Fitneßcenters kennenlernte.

Ich danke meinen Freunden, die mich unterstützten, an mich glaubten, mir erlaubten, mich zurückzuziehen, und mich dann wieder in ihre Mitte aufnahmen, wenn ich es wünschte. Dank gebührt Terri Skov, Dan Maddux, Pam Martens, Rich Portland, Dr. Geraldine Alpert, Pat Teal, Mark Chimsky, Michael LeBœuf, Dr. Alb, Susan Suffes, Lois Keenan, Patricia Fripp, Toni Boyle, Diane Parente, Connie Ginser, Carol Costello – und meiner verstorbenen früheren Schwiegermutter Aileen Jett RoAne, die mir als erste sagte, daß ich ein Buch schreiben sollte.

Ein Dankeschön auch an Lana Teplick, Personalchefin und beste Freundin, für ihre umfassende Unterstützung, Ermahnungen zur rechten Zeit und anerkennenden Worte; Joyce »Mumsy« Siegel für stete Hilfe und ansteckend gute Laune; Judith Briles, die als erste erkannt hatte, daß dieses Buch geschrieben werden sollte; Sally Osmun, die mir half, die »Dinge« auf den Weg zu bringen; Carl LaMell, Verwaltungsratsvorsitzender der RoAne-Group, der für mein »Baby« ein neues Zuhause fand; Joann Davis, die davon überzeugt war, daß viele Menschen auf ein solches Buch warteten; Jean Miller, die dafür gesorgt hat, daß ich auf der Buchmesse einen Verleger gefunden habe; Jon Tandler,

Anwalt und Freund, der mich in Momenten der Niedergeschlagenheit wieder aufrichtete; Zach Schisgal, meinen früheren Verleger, der sich sehr fair verhielt und viel Sinn für Humor zeigte; Edwin Tan, meinen jetzigen Verleger, der mich und mein »Baby« mit Freuden aufnahm; Becky Gordon, die geduldig Hieroglyphen übertrug; Annie Cohen, die in diesem Buch einen Bestseller »sah« und darauf achtete, daß es rasch herauskam; all jene, die sich schlecht benommen haben, deren Namen ich aber nicht nennen will. Sie haben – unwissentlich – viel Material für dieses Buch geliefert.

Merci beaucoup, muchas gracias, todah rabah, thank you, danke den stillen Helden des Buchhandels: den Vertretern, ohne die dieses Buch nicht in den Buchhandlungen und auch nicht in Ihren Händen läge, und den Buchhändlern, die in den letzten zwölf Jahren so nett zu mir und meinem »Baby« waren.

Und natürlich möchte ich mich auch bei den Lesern sowie den Teilnehmern meiner Seminare bedanken, die mir in den vergangenen zwölf Jahren immer wieder bestätigten, daß sie sich nun selbstbewußter und erfolgreicher in Gesellschaft zu bewegen wissen.

Literaturverzeichnis

Albom, Mitch: *Dienstags bei Morrie.* Die Lehre eines Lebens. Goldmann, München 1999.

Bonneau, Elisabeth: *Achtung, Fettnäpfchen! Anstandsregeln heute: vom Arztbesuch über den Umgang mit dem Handy bis zu den Tischsitten.* Oesch, Zürich 2002.

Carducci, Bernardo: *Erfolgreich schüchtern. Der Weg zu einem neuen Selbstwertgefühl.* Fischer Taschenbuch, Frankfurt am Main 2002.

Geisselhart, Roland R.: *Gedächtnis ohne Grenzen. Die beste Methode, Gedächtnisleistung und Kreativität durch Visualisierung massiv zu steigern.* Oesch, Zürich, 3. Auflage 2002.

Glass, Lillian: *Ich weiß, was Sie denken! Vier glasklare Methoden, Menschen zu durchschauen.* Oesch, Zürich 2002.

Goleman, Daniel: *Emotionale Intelligenz.* Dtv, München 1997.

Minninger, Joan: *Gutes Gedächtnis – das Erfolgsgeheimnis.* Humboldt, München 1990.

RoAne, Susan: *Was sage ich jetzt bloß? Perfekt auftreten, brillant kommunizieren, souverän reagieren.* MVG, München 1998.

Schwartz, David: *Denken Sie groß. Erfolg durch großzügiges Denken.* Ariston, München 2000.

Tannen, Deborah: *Andere Worte, andere Welten. Kommunikation zwischen Frauen und Männern.* Goldmann, München 1999.

Trickett, Shirley: *Endlich wieder angstfrei leben. Selbsthilferatgeber gegen Angst, Depressionen und Panikattacken.* Oesch, Zürich, 5. Auflage 2002.

Zimbardo, Philip: *Nicht so schüchtern! So helfen Sie sich aus Ihrer Verlegenheit.* MVG, München 1994.